DIREITO INTERTEMPORAL E O NOVO CÓDIGO DE PROCESSO CIVIL

O GEN | Grupo Editorial Nacional, a maior plataforma editorial no segmento CTP (científico, técnico e profissional), publica nas áreas de saúde, ciências exatas, jurídicas, sociais aplicadas, humanas e de concursos, além de prover serviços direcionados a educação, capacitação médica continuada e preparação para concursos. Conheça nosso catálogo, composto por mais de cinco mil obras e três mil e-books, em www.grupogen.com.br.

As editoras que integram o GEN, respeitadas no mercado editorial, construíram catálogos inigualáveis, com obras decisivas na formação acadêmica e no aperfeiçoamento de várias gerações de profissionais e de estudantes de Administração, Direito, Engenharia, Enfermagem, Fisioterapia, Medicina, Odontologia, Educação Física e muitas outras ciências, tendo se tornado sinônimo de seriedade e respeito.

Nossa missão é prover o melhor conteúdo científico e distribuí-lo de maneira flexível e conveniente, a preços justos, gerando benefícios e servindo a autores, docentes, livreiros, funcionários, colaboradores e acionistas.

Nosso comportamento ético incondicional e nossa responsabilidade social e ambiental são reforçados pela natureza educacional de nossa atividade, sem comprometer o crescimento contínuo e a rentabilidade do grupo.

LEONARDO CARNEIRO DA CUNHA

DIREITO INTERTEMPORAL E O NOVO CÓDIGO DE PROCESSO CIVIL

- A EDITORA FORENSE se responsabiliza pelos vícios do produto no que concerne à sua edição (impressão e apresentação a fim de possibilitar ao consumidor bem manuseá-lo e lê-lo). Nem a editora nem o autor assumem qualquer responsabilidade por eventuais danos ou perdas a pessoa ou bens, decorrentes do uso da presente obra.

  Todos os direitos reservados. Nos termos da Lei que resguarda os direitos autorais, é proibida a reprodução total ou parcial de qualquer forma ou por qualquer meio, eletrônico ou mecânico, inclusive através de processos xerográficos, fotocópia e gravação, sem permissão por escrito do autor e do editor.

  Impresso no Brasil – *Printed in Brazil*

- Direitos exclusivos para o Brasil na língua portuguesa
  Copyright © 2016 by
  EDITORA FORENSE LTDA.
  Uma editora integrante do GEN | Grupo Editorial Nacional
  Travessa do Ouvidor, 11 – Térreo e 6º andar – 20040-040 – Rio de Janeiro – RJ
  Tel.: (0XX21) 3543-0770 – Fax: (0XX21) 3543-0896
  faleconosco@grupogen.com.br | www.grupogen.com.br

- O titular cuja obra seja fraudulentamente reproduzida, divulgada ou de qualquer forma utilizada poderá requerer a apreensão dos exemplares reproduzidos ou a suspensão da divulgação, sem prejuízo da indenização cabível (art. 102 da Lei n. 9.610, de 19.02.1998).

  Quem vender, expuser à venda, ocultar, adquirir, distribuir, tiver em depósito ou utilizar obra ou fonograma reproduzidos com fraude, com a finalidade de vender, obter ganho, vantagem, proveito, lucro direto ou indireto, para si ou para outrem, será solidariamente responsável com o contrafator, nos termos dos artigos precedentes, respondendo como contrafatores o importador e o distribuidor em caso de reprodução no exterior (art. 104 da Lei n. 9.610/98).

- Capa: Danilo Oliveira

- Data de fechamento: 02.06.2016

- CIP-Brasil. Catalogação na Publicação
  Sindicato Nacional dos Editores de Livros, RJ

  C978d

  Cunha, Leonardo Carneiro da
  Direito intertemporal e o novo Código de Processo Civil / Leonardo Carneiro da Cunha. – Rio de Janeiro : Forense, 2016.

  Inclui bibliografia
  ISBN 978-85-309-7155-7

  1. Direito processual. 2. Direito processual civil. I. Título.

  16-33204   CDU: 347.91/.95(81)

Antigamente, quando os relógios simplesmente andavam em círculo, tudo era diferente. Não havia começo nem fim. A vida era um eterno carrossel. Depois veio a janelinha para a data, depois para o dia da semana... mas ainda assim perdurava uma harmonia cíclica. Eu só tinha que dar corda em meu relógio a cada dois dias.

(GAARDER, Jostein. *O Pássaro Raro*. São Paulo: Companhia das Letras, 2001, p. 143.)

Nota da Editora: o Acordo Ortográfico foi aplicado integralmente nesta obra.

AGRADECIMENTOS

A presente obra foi escrita depois do início de vigência do novo Código. Para concluí-la, contei com a ajuda de Gustavo Azevedo, que me emprestou alguns livros e trocou ideias comigo.

João Otávio Terceiro Neto Bernardo de Albuquerque, Fernando Andrade e Danilo Heber Gomes fizeram uma revisão criteriosa, apresentando-me boas e pertinentes sugestões e observações.

Artur Orlando Lins, Francisco Severien, João Lessa e Maria Gabriela Campos fizeram rápida leitura em alguns itens, passando-me suas impressões sobre o texto.

Tive um ótimo diálogo com Ravi Peixoto, que me fez diversos questionamentos. Também pude conversar bastante com Daniel Gomes de Miranda, que me ouviu e apresentou suas opiniões, tendo, ainda, me convidado para dar uma aula sobre o tema do livro em seu curso sobre o novo Código de Processo Civil, o que me permitiu expor ideias e dialogar com seus alunos.

Pude, ainda, manifestar algumas opiniões a Antonio do Passo Cabral, que dialogou comigo a respeito delas.

A todos eles, meus caros amigos, registro meus agradecimentos. Debater com vocês e receber suas observações, críticas e sugestões deixaram-me mais tranquilo e mais seguro.

INTRODUÇÃO

A Lei nº 13.105, de 16 de março de 2015, aprovou o novo Código de Processo Civil brasileiro, revogando o anterior, em vigência desde 1973. O CPC-2015 já está em vigor e vem sendo aplicado.

Uma lei nova não pode ser aplicada retroativamente, nem pode atingir ou prejudicar ato jurídico perfeito, direito adquirido ou coisa julgada. É antiga a regra segundo a qual a nova lei processual tem aplicação imediata – mas não se deve confundir aplicação imediata com aplicação retroativa.

O CPC-2015 contém textos normativos novos, não constantes do CPC-1973. Cumpre lembrar, todavia, que texto e norma não se confundem. Há normas novas, que passam a existir a partir do novo Código, mas este também contém enunciados normativos que, embora novos, não inovam normativamente o Processo Civil brasileiro. Em outras palavras, o CPC--2015 contém textos novos, mas deles não decorrem normas novas. O § 3º do art. 1.023 do novo Código, por exemplo, ao determinar a intimação da parte contrária para responder a embargos de declaração quando houver potencial risco de modificação da decisão embargada, confirma o que já se defendia amplamente na doutrina e na jurisprudência dos tribunais brasileiros: a regra que impõe intimação da parte contrária decorre do texto constitucional, que assegura o contraditório.

O que é recente aí é o texto normativo, e não a norma. Esta já existia. Com o novo Código, passou a haver um texto normativo que reforça a norma que se construía a partir do texto constitucional. Rigorosamente, não há uma inovação. A novidade é a existência de uma nova incidência.

Em tal exemplo há, a partir de agora, dupla incidência: a intimação da parte contrária decorre de texto constitucional e, igualmente, do enunciado normativo contido no § 3º do art. 1.023 do CPC-2015.

Não é ocioso lembrar que a *interpretação* é o ato ou a atividade que consiste na determinação daquilo que terá sido compreendido de um texto. A finalidade da interpretação é obter o *significado*, que, por sua vez, é o que se compreende de um texto ou enunciado. Interpreta-se para ter-se o *significado* do texto. Obtido o *significado* do enunciado, tem-se a sua *compreensão*. Da interpretação de textos normativos extraem-se ou constroem-se normas jurídicas.

O CPC-2015 contém, por outro lado, alguns textos normativos com a mesma redação de textos normativos contidos no CPC-1973. A identidade deles não significa que as normas serão as mesmas, pois sua interpretação parte de contextos diferentes. Os textos contidos no CPC-2015 devem ser interpretados no contexto do sistema nele contido.

Enfim, o novo Código apresenta novidades, a repercutir nos processos judiciais. O novo Código não poderá ser aplicado aos processos findos, nem repercutirá nos atos já realizados e consumados. Terá aplicação aos processos futuros e aos atos processuais que ainda não foram praticados.

Há, porém, a necessidade de investigar a aplicação do CPC-2015 aos processos pendentes. Aqueles processos que foram instaurados sob a vigência do CPC-1973 devem prosseguir como? Quais dispositivos devem ser aplicados? São muitas as novidades do novo Código a repercutir em processos pendentes.

Esse é o objeto do presente livro. Pretende-se investigar a aplicabilidade do novo Código aos processos pendentes. A tese principal contida no livro está no seu item 1.3, no qual são apresentados alguns exemplos, reforçados ao longo de vários capítulos. Entre os exemplos contidos no referido item está o relativo à mudança nos critérios para a fixação dos honorários de sucumbência, que difere da questão relativa aos honorários recursais, tratada no item 8.5.

As referências ao Código revogado mencionam-no ou como "Código revogado", ou como "CPC-1973". Já as menções ao novo Código expressam-se ou como "novo Código" ou "CPC-2015". Quando se utiliza simplesmente o "CPC", a referência é ao novo Código.

SUMÁRIO

INTRODUÇÃO IX

1 – SEGURANÇA JURÍDICA E IRRETROATIVIDADE DAS LEIS NO SISTEMA BRASILEIRO 1

    1.1.   Generalidades 3

    1.2.   Regra da irretroatividade 8

          1.2.1.   Histórico legislativo no Brasil 8

          1.2.2.   Previsão na legislação brasileira atual 11

    1.3.   Ausência de direito adquirido a regime jurídico 16

    1.4.   Retroatividades máxima, média e mínima 19

2 – SISTEMAS DE DIREITO INTERTEMPORAL NO PROCESSO 23

    2.1.   Generalidades 25

    2.2.   Sistema da unidade processual 25

    2.3.   Sistema das fases processuais 26

    2.4.   Sistema do isolamento dos atos processuais 27

    2.5.   Direito intertemporal no Código de Processo Civil de 1939 27

    2.6.   Direito intertemporal no Código de Processo Civil de 1973 29

    2.7.   Direito intertemporal no Código de Processo Civil de 2015 29

3 – DIREITO INTERTEMPORAL EM MATÉRIA DE COMPETÊNCIA 31

    3.1.   O juiz natural como uma cláusula de irretroatividade 33

    3.2.   A *perpetuatio jurisdictionis* e o seu momento determinante 35

3.3. Conteúdo da *perpetuatio jurisdictionis* 36

3.4. Exceções à regra da *perpetuatio jurisdictionis* 38

3.5. Novas regras sobre competência no CPC-2015 39

    3.5.1. Novas competências territoriais 39

    3.5.2. Abolição da identidade física do juiz como regra de competência absoluta 43

    3.5.3. Supressão do juízo provisório de admissibilidade na apelação e no recurso ordinário 44

    3.5.4. Juízo de retratação na apelação contra sentença que não resolve o mérito 46

    3.5.5. Competências do relator 47

    3.5.6. Eliminação da figura do revisor nos tribunais 50

4 – DIREITO INTERTEMPORAL QUANTO AOS PROCEDIMENTOS 51

4.1. Generalidades 53

4.2. Estrutura do procedimento comum e sua flexibilidade no CPC-2015 ... 53

4.3. Procedimento sumário pendente 55

4.4. Procedimentos especiais pendentes 57

4.5. Processos cautelares pendentes 59

4.6. Sanação de vícios (aplicação imediata das regras que concretizam o princípio da primazia do julgamento de mérito) 62

4.7. Proibição de decisão-surpresa em qualquer juízo ou tribunal 67

4.8. Regras sobre publicação de acórdão e sobre inclusão em pauta nos tribunais 69

4.9. Ampliação do colegiado em caso de divergência 77

5 – DIREITO INTERTEMPORAL NO ÂMBITO PROBATÓRIO 81

5.1. Normas sobre provas 83

5.2. O art. 1.047 do CPC-2015 85

6 – DIREITO INTERTEMPORAL NO CUMPRIMENTO DA SENTENÇA E NA EXECUÇÃO FUNDADA EM TÍTULO EXTRAJUDICIAL 91

6.1. Breve histórico sobre a execução: do CPC-1973 ao CPC-2015 93

6.2. Cumprimento da sentença contra a Fazenda Pública 102

6.3. Novos títulos executivos 103

6.4. Mudanças no procedimento do cumprimento de sentença 106

6.5. Multa e honorários no cumprimento provisório de sentença 108

6.6.	Penhora de dinheiro e impugnação do executado ao bloqueio de ativos	109
6.7.	Meios destinados a postular a invalidação da arrematação	113
6.8.	Protesto de decisão judicial transitada em julgado	116

7 – DIREITO INTERTEMPORAL EM REMESSA NECESSÁRIA ... 119

7.1.	A remessa necessária no CPC-2015	121
7.2.	Remessa necessária e a extensão da coisa julgada à questão prejudicial incidental	123
7.3.	Dispensa da remessa necessária. Novas hipóteses previstas no CPC-2015	125
7.4.	Procedimento	127

8 – DIREITO INTERTEMPORAL NOS RECURSOS ... 129

8.1.	Direito adquirido ao recurso	131
8.2.	Entendimento jurisprudencial sobre direito intertemporal em matéria recursal	133
8.3.	Novas regras sobre recursos no CPC-2015	136
8.4.	Regras de fungibilidade dos recursos	140
8.5.	Sucumbência recursal	143

9 – DIREITO INTERTEMPORAL EM MATÉRIA DE COISA JULGADA E DE AÇÃO RESCISÓRIA ... 153

9.1.	Limites objetivos da coisa julgada no CPC-1973	155
9.2.	Duplo regime de coisa julgada no CPC-2015	156
9.3.	A previsão do art. 1.054 do CPC-2015	157
9.4.	Ação rescisória	159

10 – DIREITO INTERTEMPORAL EM RELAÇÃO AOS PRAZOS ... 161

10.1.	Prazos processuais ampliados no CPC-2015	163
10.2.	Contagem dos prazos processuais	172
10.3.	Suspensão dos prazos	174
10.4.	Prazos diferenciados (contados em dobro para a Fazenda Pública, para o Ministério Público e para a Defensoria Pública)	175
10.5.	Prazo em dobro para litisconsortes com procuradores diferentes	177

BIBLIOGRAFIA ... 179

Capítulo 1

SEGURANÇA JURÍDICA E IRRETROATIVIDADE DAS LEIS NO SISTEMA BRASILEIRO

Assista ao **vídeo 1** com considerações introdutórias referentes a este capítulo.
Instruções na primeira orelha do livro.

1.1. GENERALIDADES

Nos termos do art. 1º da Constituição Federal de 1988, *"[a] República Federativa do Brasil, formada pela união indissolúvel dos Estados e Municípios e do Distrito Federal, constitui-se em Estado Democrático de Direito (...)"*.

O texto constitucional brasileiro atualmente em vigor reconhece a existência de um Estado *Democrático* de *Direito*. Há, nele, duas grandes qualidades: Estado de direito e Estado democrático.

O Estado de direito caracteriza-se pela submissão do Estado ao ordenamento jurídico com a finalidade de garantir segurança jurídica a seus cidadãos[1]. Por sua vez, a principal característica do Estado democrático, sem embargo do pluralismo político, está na prévia participação de todos[2]. Os princípios da legalidade, da igualdade e da segurança jurídica são inerentes ao Estado de direito. Já a liberdade, a legitimidade e a participação concernem ao Estado democrático.

A segurança jurídica consiste num valor fundamental do Estado de direito[3]. O Direito deve garantir segurança, permitindo que as pessoas possam saber as consequências jurídicas dos fatos ou atos jurídicos[4].

Há quem considere a segurança o próprio fim do Direito, a ser buscado e garantido. Nesse sentido, o ordenamento jurídico deve ser encarado como uma técnica destinada a eliminar a incerteza e a instabilidade no

---

[1] SEGADO, Francisco Fernandez. *El sistema constitucional español*. Madrid: Dykinson, 1992, p. 110.
[2] Ibidem, p. 117.
[3] CABRAL, Antonio do Passo. *Coisa julgada e preclusões dinâmicas*: entre continuidade, mudança e transição de posições processuais estáveis. 2ª ed. Salvador: JusPodivm, 2014, p. 305-308.
[4] MARTINS-COSTA, Judith. "A ressignificação do princípio da segurança jurídica na relação entre o Estado e os cidadãos: a segurança como crédito de confiança". *Revista CEJ*. Brasília, n. 27, 2004, p. 113.

convívio social[5]. Por outro lado, há quem considere a segurança jurídica um ideal inalcançável. É bem verdade que existe uma margem de incerteza no Direito, mas a segurança jurídica é ideal a ser alcançado e tutelado. Não há segurança absoluta que elimine a flexibilidade do Direito, que lhe é imprescindível.

Sendo a segurança um princípio, está sujeita à relatividade própria dos princípios, *"ou seja, a segurança jurídica está imersa em um conjunto normativo, que está repleto de outros importantes princípios, com os quais eventualmente colidirá e, daí, será imprescindível sua ponderação"*[6].

Na verdade, a segurança jurídica é norma vocacionada a combater arbitrariedades na construção do direito, garantindo aos cidadãos previsibilidade, estabilidade e cognoscibilidade[7].

A segurança jurídica tem duas dimensões: a *estática* e a *dinâmica*. Enquanto a *estática* diz respeito aos problemas do conhecimento e da qualidade do Direito, a dimensão *dinâmica* refere-se a problemas da ação no tempo e da transição no Direito[8].

A cognoscibilidade é o aspecto *estático* da segurança jurídica, relacionando-se com a possibilidade de conhecimento prévio das fontes normativas[9]. Para que as normas sejam cumpridas, é preciso que sejam previamente conhecidas. Com isso, concretiza-se a finalidade do Direito de guiar o comportamento dos sujeitos. A cognoscibilidade exige clareza, precisão e inteligibilidade dos textos normativos, que precisam ser escritos de forma coerente e divulgados mediante ampla publicidade. A segurança depende, portanto, da indispensável publicidade[10], garantindo, assim, cognoscibilidade.

---

[5] BOBBIO, Noberto. "La certezza del diritto è un mito?". *Rivista Internazionale di Filosofia del Diritto*, v. XXVIII, 1951, p. 146-152; NÓBREGA, J. Flóscolo. *Introdução ao direito*. 8ª ed. João Pessoa: Edições Linha d'Água, 2007, n. 54, p. 101-102.

[6] MACÊDO, Lucas Buril de. *Precedentes judiciais e o direito processual civil*. Salvador: JusPodivm, 2015, p. 123.

[7] GOMETZ, Gianmarco. *La certezza giuridica come prevedibilità*. Torino: Giappichelli, 2005, p. 246-247.

[8] ÁVILA, Humberto. *Teoria da segurança jurídica*. 3ª ed. São Paulo: Malheiros, 2014, p. 353.

[9] Para mais detalhes, conferir ÁVILA, Humberto. *Teoria da segurança jurídica*. 3ª ed. São Paulo: Malheiros, 2014, p. 301-352.

[10] GOMETZ, Gianmarco. Ob. cit., p. 248.

A estabilidade, por sua vez, consiste na dimensão *dinâmica* da segurança jurídica com vistas ao *passado*. É preciso que se garanta estabilidade, sem que se impeça a mudança, sendo talvez mais adequado utilizar a expressão *confiabilidade*[11]. Exatamente por isso, a estabilidade não se confunde com imutabilidade, por pressupor uma *"margem permitida de alterabilidade, paradigma a partir do qual não se procura impedir a mudança, mas evitar transições abruptas"*[12]. Pressupondo certo grau de continuidade, com a convivência com níveis de flexibilidade, a estabilidade de um ordenamento jurídico permite mudança, mas uma mudança sem danos, sem prejuízos. Daí se relacionar com a exigência de durabilidade, que, por sua vez, não pode ser confundida com exigência de imutabilidade[13]. Por garantir confiança e permitir a continuidade da produção de efeitos de fatos ocorridos e de atos praticados, talvez seja mais adequado denominá-la de *confiabilidade*. A estabilidade, não custa repetir, não impõe a imutabilidade do Direito, mas impede mudança que atinja situações consolidadas e que seja desprovida de critérios previamente definidos.

Há uma certa "circularidade" entre as dimensões estática e dinâmica da segurança jurídica. É que a estabilidade garante a cognoscibilidade necessária à segurança jurídica[14]. Por sua vez, a cognoscibilidade é importante para que haja estabilidade.

A estabilidade garante a irretroatividade das leis, e a legislação ordinária estabelece a prescrição e a decadência como fatores que têm na segurança seu maior fundamento. Nessas hipóteses, a segurança jurídica constitui o valor levado em conta, para garantir a intangibilidade de situações individuais por razões objetivas, quais sejam, o transcurso do tempo, a consolidação jurídica das situações, a consolidação fática das situações ou a ausência de prejuízo[15].

Já a previsibilidade consiste na dimensão *dinâmica* da segurança jurídica com vistas ao *futuro*[16]. Relaciona-se com o planejamento, conferindo a todos a possibilidade de antever as soluções a serem dadas aos

---

[11]   ÁVILA, Humberto. Ob. cit., p. 138-139.

[12]   CABRAL, Antonio do Passo. *Coisa julgada e preclusões dinâmicas*, cit., p. 314.

[13]   ÁVILA, Humberto. *Teoria da segurança jurídica*, cit., p. 358.

[14]   PEIXOTO, Ravi. *Superação do precedente e segurança jurídica*. Salvador: JusPodivm, 2015, p. 52-56.

[15]   ÁVILA, Humberto. Ob. cit., p. 356-374.

[16]   TORRES, Heleno Taveira. *Direito constitucional tributário e segurança jurídica*. São Paulo: RT, 2011, p. 201; ÁVILA, Humberto. Ob. cit., p. 139-140.

problemas que venham a surgir[17]. Também se relaciona com o futuro a *calculabilidade*, dizendo respeito à *"capacidade de antecipação do espectro de consequências aplicáveis a atos e fatos e o espectro de tempo dentro do qual será a consequência aplicada"*[18].

A segurança jurídica exige o conhecimento prévio de quais serão as consequências jurídicas dos atos a serem praticados. Se os destinatários das normas sabem, prévia e exatamente, qual a consequência de suas condutas, podem pautá-las, programando suas expectativas para a produção dos efeitos estabelecidos nas regras e nos princípios jurídicos.

A segurança jurídica também abrange a proteção de situações de quebra da confiança legítima gerada por atos normativos pretéritos[19]. Grande parte da doutrina considera a proteção da confiança um princípio autônomo[20], de modo que haveria o princípio da segurança jurídica e também o da proteção da confiança. Quem assim entende geralmente diferencia a confiança da segurança por ser aquela subjetiva, e esta, objetiva. O princípio da proteção da confiança seria, portanto, a dimensão subjetiva do conteúdo do princípio da segurança jurídica. Como defende Fredie Didier Jr., "O princípio da segurança jurídica e o princípio da confiança são, pois, facetas que se complementam semanticamente: a segurança é a faceta geral da confiança; a confiança, a face particular da segurança. Trata-se de relação recíproca estrutural entre os conceitos"[21].

A proteção da confiança não é um princípio, mas apenas uma nova hipótese fática abstrata para a concretização do princípio da segurança

---

[17] GOMETZ, Gianmarco. Ob. cit., p. 224.

[18] PEIXOTO, Ravi. *Superação do precedente e segurança jurídica*. Salvador: JusPodivm, 2015, p. 58.

[19] Segundo esclarece Antonio do Passo Cabral, há registros da proteção da confiança em 896, no conhecido episódio do julgamento do Papa Formoso, também se observando sua proteção no direito inglês e na França, no famoso caso *Madame Cachet*, julgado pelo *Conseil d'Etat* em 1922. Na Alemanha, a proteção da confiança originou-se no direito privado e foi ganhando força e autonomia nas discussões do direito público a partir da década de 1960 (*Coisa julgada e preclusões dinâmicas*, cit., n. 1.10.7.2, p. 132-134).

[20] MARTINS-COSTA, Judith. Ob. cit., p. 113-114; CABRAL, Antonio do Passo. Ob. cit., p. 132-134. ÁVILA, Humberto. Ob. cit., p. 374-381; TORRES, Heleno Taveira. Ob. cit., p. 209-210; DIDIER JR., Fredie. *Curso de direito processual civil*. 17ª ed. Salvador: JusPodivm, 2015, v. 1, p. 137-145.

[21] Ob. cit., p. 137-138.

jurídica. É intuitiva a profunda assimilação da confiança com a própria realidade jurídica; a quebra de expectativas tende a ser valorada como violação ou ruptura do próprio direito e de relações jurídicas[22]. Há vários graus de confiança e, por outro lado, de desconfiança. Cabe a qualquer ordem jurídica a missão indeclinável de garantir a confiança dos sujeitos, porque ela constitui um pressuposto fundamental de qualquer coexistência pacífica[23]. A confiança encontra-se, seguramente, na gênese de muitas normas jurídicas[24].

Não se justifica diferenciar a segurança jurídica da proteção da confiança por uma ser objetiva, e a outra, subjetiva. Como, a propósito, afirma Lucas Buril de Macêdo, "tanto as hipóteses clássicas da segurança como as que envolvem a confiança legítima são subjetivas, no sentido de que são atribuídas a sujeitos quando há sua incidência; aliás, só uma concepção extremamente racionalista poderia visualizar um princípio exclusivamente objetivo, toda norma necessariamente se subjetiva"[25].

A proteção da confiança também é objeto da aplicação do princípio da boa-fé[26]. A confiança merece ser tutelada; fatos que a revelam servem para a concretização da segurança jurídica e, igualmente, da boa-fé. A proteção da confiança faz aplicar o princípio da segurança, sobretudo na transição entre normas jurídicas.

Não raramente, a segurança jurídica é aplicada para proteger o ato jurídico perfeito, o direito adquirido e a coisa julgada, por serem estabilidades que precisam ser tuteladas. A proteção da confiança exige a concretização da segurança jurídica, mediante a edição de regras de transição. As normas tradicionais de direito intertemporal já não são suficientes para regular as mudanças legislativas que se revelam constantes na contemporaneidade[27].

---

[22] FRADA, Manuel António de Castro Portugal Carneiro da. *Teoria da confiança e responsabilidade civil*. Coimbra: Almedina, 2004, p. 18.

[23] FRADA, Manuel António de Castro Portugal Carneiro da. Ob. cit., p. 19.

[24] FRADA, Manuel António de Castro Portugal Carneiro da. Ob. cit., p. 24.

[25] Ob. cit., n. 2.4, p. 137, nota de rodapé n. 68.

[26] MARTINS-COSTA, Judith. A re-significação do princípio da segurança jurídica na relação entre o Estado e os cidadãos, cit., p. 114; SILVA, Almiro do Couto e. "Os princípios da legalidade da administração pública e da segurança jurídica no Estado de Direito contemporâneo". *Revista da Procuradoria-Geral do Estado*. Publicação do Instituto de Informática Jurídica do Estado do Rio Grande do Sul, v. 18, n. 46, 1988, p. 23.

[27] CABRAL, Antonio do Passo. Ob. cit., n. 9.6.3.1, p. 560-562.

A proteção das expectativas legítimas é uma preocupação que transparece presente nas regras de transição.

Seja como for, a norma que impede a retroatividade das leis concretiza a segurança jurídica[28].

A tutela da segurança jurídica concretiza-se, enfim, com o impedimento de frustração de expectativas legitimamente fundadas, evitando-se o desfazimento de atos já constituídos e o atingimento dos efeitos deles decorrentes. Por isso que leis supervenientes não devem ser retroativas. A aplicação retroativa de normas jurídicas constitui um atentado ao Estado de direito, devendo, portanto, ser coibida.

1.2. REGRA DA IRRETROATIVIDADE

1.2.1. Histórico legislativo no Brasil

É antiga, no Brasil, a previsão normativa sobre a irretroatividade das leis. Afastando-se da maioria dos sistemas normativos, que previa a irretroatividade das leis em diplomas normativos infraconstitucionais, a *Constituição de 1824*, em seu art. 179, previu que *"II. Nenhuma lei será estabelecida sem utilidade pública. III. A sua disposição não terá efeito retroactivo".*

Em *1850*, foi editado, no Brasil, o *Regulamento nº 737*, que continha dispositivos que regulavam o processo comercial. Seu art. 742 previa que *"as causas comerciais intentadas depois da execução do Código, mas provenientes de títulos ou contratos anteriores à execução do mesmo Código, serão regulados, quanto à forma do processo, pelas disposições deste Regulamento; e quanto à matéria serão decididas pela legislação que anteriormente regia".*

A *Constituição de 1891* manteve, em seu art. 1891, a norma, ao dispor: *"É vedado aos Estados como à União: (...) 3º) prescrever leis retroativas".*

Embora as Constituições de 1824 e de 1891 proibissem a retroatividade das leis, a doutrina insurgia-se contra o caráter absoluto da proibição, afirmando que a vedação não era propriamente à retroação da lei, mas àquela retroatividade que lesasse direitos adquiridos[29]. Em outras palavras,

---

[28] NÓBREGA, J. Flóscolo. Ob. cit., n. 55, p. 103.

[29] BARBOSA, Ruy. "Leis retroativas e interpretativas no direito brasileiro". *Obras completas*. Rio de Janeiro: Ministério de Educação e Cultura, 1948, v. XXV, t. IV, p. 140-141.

dizia-se que as normas constitucionais impediam apenas a retroatividade injusta, ofensiva a um direito adquirido; não havendo ofensa a direito adquirido, a lei haveria de ser retroativa, por ser justa a retro-operância no caso[30].

O *Código Civil de 1916* foi aprovado juntamente com a *Lei de Introdução ao Código Civil*, cujo art. 3º assim dispunha:

> Art. 3º A lei não prejudicará, em caso algum, o direito adquirido, o ato jurídico perfeito, ou a coisa julgada.
>
> § 1º Consideram-se adquiridos, assim os direitos que o seu titular, ou alguém por ele, possa exercer, como aqueles cujo começo de exercício tenha termo prefixado, ou condição preestabelecida, inalterável a arbítrio de outrem.
>
> § 2º Reputa-se ato jurídico perfeito o já consumado segundo a lei vigente ao tempo em que se efetuou.
>
> § 3º Chama-se coisa julgada, ou caso julgado, a decisão judicial, de que já não caiba recurso.

Tal dispositivo, como se pode perceber, incorporou o entendimento doutrinário então prevalecente: a lei pode retroagir, desde que não afete o direito adquirido, o ato jurídico perfeito ou a coisa julgada. O que se deveria respeitar era o direito adquirido[31].

Durante a vigência da *Constituição de 1891*, o direito processual civil era matéria disciplinada em leis estaduais. Daí surgiram os Códigos de Processo Civil dos Estados-membros. Quanto aos processos que tramitavam perante a Justiça Federal, o processo era disciplinado pela legislação federal.

---

[30] PORCHAT, Reynaldo. *Da retroactividade das leis civis.* São Paulo: Duprat & Comp., 1909, p. 118.

[31] Ao comentar tal dispositivo, assim afirmou J. M. Carvalho Santos: "Neste artigo nada mais se fêz, portanto, que fixar pràticamente o conteúdo e os limites do princípio constitucional, firmando-se que retroativas são reputadas apenas as leis que prejudicarem direitos adquiridos, atos jurídicos perfeitos ou casos julgados. Fora daí, assevera ESPÍNOLA, a lei nova poderá regular as consequências dos fatos ocorridos na vigência da lei anterior, sem que, por isso, se diga retroativa (*Breves Anotações*, vol. I, pág. 13). A base do instituto é o respeito ao direito adquirido" (SANTOS, J. M. Carvalho. *Código Civil brasileiro interpretado.* 15ª ed. Rio de Janeiro: Freitas Bastos, 1992, v. 1, p. 40).

Com o advento da *Constituição Federal de 1934*, o direito processual passou a constituir competência legislativa privativa da União. A Constituição de 1934 também previu a irretroatividade das leis, dispondo, em seu art. 113, que *"A lei não prejudicará o direito adquirido, o ato jurídico perfeito e a coisa julgada"*.

Por sua vez, a *Constituição de 1937* não tratou do tema, não contendo dispositivo concernente à irretroatividade das leis, salvo no âmbito penal. Em razão disso, o legislador, desde que o fizesse expressamente, passou a poder editar leis retroativas, alcançando atos anteriormente praticados. Nesse sentido, o Decreto-lei nº 1.907, de 1939, alcançou sucessões abertas anteriormente ao início de sua vigência, reduzindo a sucessão testamentária do sexto ao segundo grau[32].

Diante da ausência de previsão constitucional que assegurasse a irretroatividade das leis, veio a ser editado o *Decreto nº 4.637, de 1942*, que aprovou uma nova Lei de Introdução ao Código Civil, cujo art. 6º assim dispunha: *"A lei em vigor terá efeito imediato e geral. Não atingirá, entretanto, salvo disposição em contrário, as situações jurídicas definitivamente constituídas e a execução do ato jurídico perfeito"*.

O dispositivo – bem se vê – permitia que houvesse disposição em contrário, ou seja, autorizava que a lei previsse expressamente sua eficácia retroativa, atingindo o ato jurídico perfeito e situações jurídicas dele decorrentes. Nas hipóteses em que a lei expressamente previsse sua retroatividade, deixava de ser tutelada a segurança jurídica, causando prejuízo a quem já tinha situação ou posição jurídica consolidada. Admitia-se, declaradamente, a ampla retroatividade[33].

---

[32] "Ação Rescisória. Propositura, antes que houvessem decorrido os cinco anos do prazo de decadência. A parte, para usar a ação rescisória, não é obrigada a esgotar os recursos ordinários. Herança jacente. O Decreto-lei 1907, de 26-12-1939, continha artigo, que expressamente o declarava aplicável aos processos em curso (art. 6). E isso a um tempo em que, vigente a Constituição de 1937, as leis podiam retroagir, desde que contivessem cláusula expressa nesse sentido. Um inventário, a que faltava a partilha, não estava findo, era processo em curso, sujeito, portanto, à aplicação daquele Decreto-lei. Caso que não é de ação rescisória, pois ocorre dissídio na interpretação da lei, mas não há falar de ofensa a qualquer de suas disposições literais. Nova lei, a cujos efeitos não estava sujeita a decisão anterior, com trânsito em julgado, que deferira os bens à União" (STF, Pleno, AR 290, rel. Min. Luiz Gallotti, j. 29.10.1956, *DJ* 10.1.1957, p. 361).

[33] VALLADÃO, Haroldo. *Comentários ao Código de Processo Civil*. São Paulo: RT, 1974, v. 13, n. 6, p. 50.

Com o advento da *Constituição Federal de 1946*, a irretroatividade das leis voltou a ser garantida constitucionalmente. Seu art. 141, § 3º, assim prescrevia: *"A lei não prejudicará o direito adquirido, o ato jurídico perfeito e a coisa julgada".*

Posteriormente, sobreveio a Lei nº 3.238, de 1957, que alterou a redação do art. 6º da Lei de Introdução ao Código Civil, nos seguintes termos:

> Art. 6º A Lei em vigor terá efeito imediato e geral, respeitados o ato jurídico perfeito, o direito adquirido e a coisa julgada.
>
> § 1º Reputa-se ato jurídico perfeito o já consumado segundo a lei vigente ao tempo em que se efetuou.
>
> § 2º Consideram-se adquiridos assim os direitos que o seu titular, ou alguém por ele, possa exercer, como aqueles cujo começo do exercício tenha termo prefixado, ou condição preestabelecida inalterável, a arbítrio de outrem.
>
> § 3º Chama-se coisa julgada ou caso julgado a decisão judicial de que já não caiba recurso.

A previsão constitucional de irretroatividade das leis foi mantida na *Constituição Federal de 1967*, cujo art. 150, § 3º, dispunha que *"a lei não prejudicará o direito adquirido, o ato jurídico perfeito e a coisa julgada".* No mesmo sentido, e em igual teor, o art. 153, § 3º, da Emenda Constitucional nº 1, de 1969, vetou a retroatividade das leis para prejudicar o direito adquirido, o ato jurídico perfeito e a coisa julgada.

1.2.2. Previsão na legislação brasileira atual

A Constituição Federal, em seu art. 5º, XXXVI, regrou a proibição de restrição do ato jurídico perfeito, do direito adquirido e da coisa julgada. A regra é inflexível[34]. A nova lei não pode desfazer o ato jurídico perfeito, o direito adquirido, nem a coisa julgada.

Qualquer que seja a natureza da lei, o ato jurídico perfeito, o direito adquirido e a coisa julgada estão preservados. Nem mesmo razões de ordem pública podem superar a rigidez estabelecida pela Constituição Federal.

Em outros sistemas normativos, admite-se a superação ou eliminação do ato jurídico perfeito, do direito adquirido e da coisa julgada por

---

[34] ÁVILA, Humberto. *Teoria da segurança jurídica*, cit., p. 363.

razões de interesse público. Tal entendimento não se revela adequado num sistema em que a irretroatividade é salvaguarda de estatura constitucional. No sistema brasileiro, a regra da irretroatividade está prevista na Constituição Federal.

Qualquer lei nova também está sujeita à exigência constitucional de irretroatividade. O art. 5º, XXXVI, da Constituição Federal aplica-se a toda e qualquer lei infraconstitucional, sem qualquer distinção. Independentemente de ser lei de direito público ou de direito privado, de ser lei de ordem pública ou lei dispositiva, de ser de direito material ou de direito processual, não importa: não é possível qualquer tipo de retroatividade, nem a máxima, nem a média, nem a mínima[35]. Em qualquer caso, vale a norma segundo a qual a lei nova não pode ter efeitos retroativos (critério objetivo) nem violar direitos adquiridos (critério subjetivo)[36].

A Constituição Federal protege o ato jurídico perfeito, o direito adquirido e a coisa julgada. A referência, no texto constitucional, a ato jurídico perfeito, a direito adquirido e a coisa julgada remete à necessidade de conceituar cada um deles.

A autoridade legislativa, na Lei de Introdução ao Código Civil (atualmente denominada *Lei de Introdução às Normas do Direito Brasileiro*), fornece "interpretação" ao texto normativo, pondo-se parcialmente no lugar dos demais intérpretes. Há ali, então, uma *norma interpretativa*. Não é incomum que a autoridade normativa assuma a tarefa de fixar o significado do texto normativo, fazendo-o de duas maneiras: ou editando "leis interpretativas", ou editando "definições legislativas". No art. 6º da Lei de Introdução, o legislador editou definições legislativas, já antecipando o significado que se deve atribuir a cada pronunciamento do juiz e estabelecendo o que é ato jurídico perfeito, o que é direito adquirido e o que é coisa julgada. Busca-se, com isso, reduzir discussões a respeito da conceituação de cada um deles.

É relevante identificar o que seja direito adquirido, ato jurídico perfeito e coisa julgada. A importância da sua definição relaciona-se exatamente

---

[35] STF, Pleno, ADI 493, rel. Min. Moreira Alves, j. 25.6.1992, *DJ* 4.9.1992, p. 14.089; STF, 1ª Turma, RE 188.366, rel. Min. Moreira Alves, j. 19.10.1999, *DJ* 19.11.1999, p. 67.

[36] MENDES, Gilmar Ferreira. "Comentários ao art. 5º, XXXVI". In: CANOTILHO, J. J. Gomes; MENDES, Gilmar Ferreira; SARLET, Ingo Wolfgang; LEONCY, Léo Ferreira (coords.). *Comentários à Constituição do Brasil*. São Paulo: Saraiva/Almedina, 2013, p. 368.

com o direito intertemporal, a fim de verificar quando pode ser aplicada a lei nova em relação a situações pendentes.

A conveniência de definição legal nesse tema é constantemente questionada em virtude do risco de deslocamento da controvérsia do plano constitucional para o plano infraconstitucional, repercutindo, inclusive, no cabimento de recurso extraordinário ou especial. A irretroatividade das leis e a proteção ao direito adquirido, ao ato jurídico perfeito e à coisa julgada sempre foram tratadas nos textos constitucionais, com exceção da Constituição Federal de 1937. Os dispositivos constitucionais não devem ser interpretados à vista de textos normativos infraconstitucionais. Não deve, em outras palavras, haver "interpretação da Constituição segundo a lei"[37].

O disposto no art. 5º, XXXVI, da Constituição Federal deve ser interpretado a partir dos conceitos científicos conferidos a direito adquirido, ato jurídico perfeito e coisa julgada. Diante do indisfarçável caráter constitucional do tema, não é possível interpretar o texto constitucional a partir de dispositivos infraconstitucionais.

O Supremo Tribunal Federal, ao julgar o Recurso Extraordinário 226.855/RS, decidiu que a matéria relacionada à irretroatividade das leis e à proteção do direito adquirido, do ato jurídico perfeito e da coisa julgada ostenta cariz constitucional. O entendimento manifestado pelo STF foi decisivo para concluir-se pela admissibilidade do controle incidental de constitucionalidade nesse tema.

Secundando o entendimento do STF, o Superior Tribunal de Justiça entende ser *"incabível o conhecimento do recurso especial por violação dos arts. 5º e 6º da Lei de Introdução às Normas do Direito Brasileiro, uma vez que os princípios neles contidos – direito adquirido, ato jurídico perfeito e coisa julgada –, apesar de previstos em norma infraconstitucional, são institutos de natureza eminentemente constitucional (art. 5º, XXXVI, da CF/88)."*[38] Com efeito, o STJ *"possui jurisprudência pacífica no sentido de que não cabe a análise, em recurso especial, da matéria contida no art. 6º da LINDB – ato jurídico perfeito, direito adquirido e coisa julgada –, porquanto ostenta caráter constitucional, a teor do art. 5º, XXXVI, da Constituição da*

---

[37] MENDES, Gilmar Ferreira. Ob. cit., p. 369.

[38] STJ, 1ª Turma, AgRg no AREsp 539.901/SP, rel. Min. Benedito Gonçalves, j. 11.11.2014, *DJe* 14.11.2014.

República"[39]. Enfim, *"Não compete ao Superior Tribunal de Justiça a análise de violação ao direito adquirido, seja pelo enfoque constitucional seja pelo necessário exame da legislação estadual, o que é vedado na via eleita"[40]*.

Segundo Humberto Ávila, direito adquirido seria gênero (pois decorre da lei), enquanto ato jurídico perfeito e coisa julgada seriam suas espécies (o primeiro surgiria de um negócio jurídico; a outra, de uma sentença não mais impugnável). A distinção, para Ávila, diria respeito à fonte da geração dos direitos: se diretamente legal, diretamente negocial ou diretamente judicial. Há, segundo entende, uma confusão entre *gênero* e *espécie* e entre *fonte* e *efeito*[41].

Contrariamente ao que afirma Humberto Ávila, o direito adquirido não é gênero do qual o ato jurídico perfeito e a coisa julgada são espécies. O direito não decorre da lei, mas do fato jurídico; é efeito do fato jurídico. É a partir do fato jurídico que surge a relação jurídica com a produção de toda sua eficácia, constituída por direitos e deveres, pretensões e obrigações, ações e situações de sujeição e outras categorias eficaciais, que são as situações jurídicas[42].

Há fatos que estão previstos em textos normativos. Quando ocorrem, fazem incidir a norma e tornam-se fatos jurídicos. Dos fatos jurídicos surgem relações jurídicas, com a produção de toda sua eficácia, aí incluídos, entre outros, os direitos[43].

Os fatos tornam-se jurídicos pela incidência das normas jurídicas que assim os preveem. Previsto o fato no enunciado normativo, sua ocorrência

---

[39]   STJ, 1ª Turma, AgRg no AREsp 498.241/MS, rel. Min. Regina Helena Costa, j. 23.6.2015, *DJe* 4.8.2015.

[40]   STJ, 2ª Turma, AgRg no AREsp 650.948/SP, rel. Min. Og Fernandes, j. 23.6.2015, *DJe* 30.6.2015.

[41]   *Teoria da segurança jurídica*, cit., p. 364. No mesmo sentido, SILVA, José Afonso da. "Constituição e segurança jurídica". *Constituição e segurança jurídica*: direito adquirido, ato jurídico perfeito e coisa julgada. Estudos em homenagem a José Paulo Sepúlveda Pertence. Belo Horizonte: Fórum, 2004, p. 21.

[42]   NOGUEIRA, Pedro Henrique Pedrosa. "Situações jurídicas processuais". In: DIDIER JR., Fredie (org.). *Teoria do processo*: panorama doutrinário mundial. Salvador: JusPodivm, 2010, v. 2, p. 749-753.

[43]   Sobre o assunto, consultar MIRANDA, Francisco Cavalcanti Pontes de. *Tratado de direito privado*. Rio de Janeiro: Borsoi, 1954, t. I, *passim*; MELLO, Marcos Bernardes de. *Teoria do fato jurídico*: plano de eficácia – 1ª parte. 8ª ed. São Paulo: Saraiva, 2013, *passim*.

faz incidir a norma, daí surgindo o fato jurídico. Os fatos jurídicos *lato sensu* podem ser fatos da natureza ou atos humanos. Os fatos da natureza, quando ingressam no mundo jurídico, em razão da incidência normativa, revestem o colorido de fatos jurídicos *stricto sensu*. Os atos, que exteriorizam ou manifestam vontade humana, tornam-se atos jurídicos quando sofrem a incidência da norma que os prevê. Os fatos jurídicos *stricto sensu* são fatos da natureza, enquanto os atos jurídicos são atos humanos, caracterizados por expressarem uma vontade humana. Como se percebe, os fatos jurídicos são aqueles que estão previstos no suporte fático e, por isso, sofreram a incidência de uma norma jurídica, ingressando no mundo do direito e podendo produzir efeitos jurídicos. Os fatos jurídicos em sentido amplo dividem-se em fatos jurídicos em sentido estrito, em atos jurídicos, atos-fatos jurídicos e negócios jurídicos.

Os fatos, atos, atos-fatos e negócios jurídicos produzem efeitos, entre os quais está o direito. Logo, o direito é efeito de um fato jurídico em sentido amplo. Ocorrido um fato jurídico ou praticado um ato jurídico, alguns efeitos são produzidos, entre os quais está a atribuição de um direito a alguém. A ocorrência de um fato ou a prática de um ato faz incidir a norma, acarretando o ato jurídico perfeito: entrada no mundo do direito. Aperfeiçoado o fato ou o ato, este produz efeitos jurídicos. Um dos efeitos é o direito adquirido. O direito adquirido é, portanto, efeito do ato. Significa que a Constituição Federal protege o fato ou ato e o seu efeito. Logo, o fato (em sentido amplo) e seu efeito são protegidos.

A coisa julgada também gera direitos. Nesse sentido, a coisa julgada é um fato jurídico (em sentido amplo). Literalmente, a Constituição Federal não estaria a proteger os fatos jurídicos em sentido estrito nem os atos-fatos; a proteção, literalmente falando, abrangeria os atos jurídicos e a coisa julgada. Mas a Constituição Federal protege também o direito adquirido, que integra uma relação jurídica, sendo uma consequência eficacial e decorrendo necessariamente de um fato jurídico, seja ele qual for. Não há direito adquirido sem relação jurídica, nem há relação jurídica sem fato jurídico. Bastaria, então, haver a proteção ao direito adquirido; seria suficiente.

O destaque à coisa julgada revela a preocupação com a estabilidade da decisão judicial, evitando o chamado *bis in idem* ou a reapreciação de questão já julgada definitivamente. Assim, a Constituição Federal protege os efeitos de todos os fatos jurídicos. Protege os direitos surgidos da coisa julgada e de qualquer outro fato jurídico.

1.3. AUSÊNCIA DE DIREITO ADQUIRIDO A REGIME JURÍDICO

Segundo entendimento consagrado na jurisprudência do Supremo Tribunal Federal, não há direito adquirido a regime jurídico[44]. No mesmo sentido, o Superior Tribunal de Justiça também entende que não há direito adquirido a regime jurídico[45].

Costuma-se dizer que regime jurídico é um conjunto sistematizado de normas que regem determinado instituto ou, até mesmo, dado ramo do Direito. Assim, há o regime jurídico dos recursos, o regime jurídico do agravo de instrumento, o regime jurídico do direito administrativo etc.

Na verdade, quando o STF e o STJ afirmam que não há direito adquirido a regime jurídico, o que manifestam, em outras palavras, é que não há direito adquirido a *manutenção* de um regime jurídico. Adquirido o direito, deverá ser aplicado o regime jurídico em vigor no momento em que vier a ser exercido.

Assim, por exemplo, proposta uma demanda, o réu adquire o direito a defender-se, mas a *forma* de sua defesa será exercida de acordo com o regime jurídico em vigor no momento em que apresentada. No CPC-1973, a alegação de incompetência relativa era feita em exceção de incompetência, a reconvenção em peça avulsa, a impugnação ao valor da causa em petição própria e a impugnação à gratuidade também em petição própria. Então, o réu, durante a vigência daquele Código, poderia apresentar contestação, reconvenção, exceção de incompetência, impugnação ao valor da causa e impugnação à gratuidade da justiça, cada uma numa peça própria e específica. Já no CPC-2015, tudo isso deve constar da contestação; a contestação contém todas essas alegações.

---

[44]   STF, 1ª Turma, RE 384.876/RN, rel. Min. Sepúlveda Pertence, j. 24.8.2004, *DJ* 17.12.2004, p. 57; STF, 2ª Turma, RE-AgR 403.922/RS, rel. Min. Ellen Gracie, j. 30.8.2005, *DJ* 30.9.2005, p. 49; STF, Pleno, RE 566.621, rel. Min. Ellen Gracie, j. 4.8.2011, *DJe-195* 10.10.2011, public. 11.10.2011; STF, 1ª Turma, RMS 27.904 AgR/DF, rel. Min. Dias Toffoli, j. 28.8.2012, *DJe-181* 13.9.2012, public. 14.9.2012.

[45]   STJ, 2ª Turma, AgRg no RMS 46.136/MS, rel. Min. Mauro Campbell Marques, j. 18.2.2016, *DJe* 25.2.2016; STJ, 2ª Turma, AgRg no RMS 47.772/GO, rel. Min. Mauro Campbell Marques, j. 10.3.2016, *DJe* 16.3.2016; STJ, 2ª Turma, AgRg no REsp 1.342.186/RS, rel. Min. Diva Malerbi (Des. Conv. TRF 3ª Região), j. 17.3.2016, *DJe* 31.3.2016; STJ, 1ª Turma, AgRg no AREsp 65.621/DF, rel. Min. Napoleão Nunes Maia Filho, j. 5.4.2016, *DJe* 11.4.2016.

Proposta determinada demanda sob a vigência do CPC-1973, o réu adquire o direito a defender-se, mas, se o prazo para defender-se somente se iniciar já na vigência do CPC-2015, haverá de exercer esse seu direito submetendo-se às exigências do novo regime jurídico. Da mesma forma, se o prazo teve início na vigência do Código revogado, mas findou já sob a égide do novo, vindo o ato a ser praticado neste segundo período, deve igualmente se submeter ao novo regime jurídico. Irá contestar e, na própria contestação, alegar incompetência relativa, reconvir, impugnar o valor da causa e a gratuidade da justiça. Isso porque não há direito adquirido à *manutenção* de regime jurídico. O regime jurídico foi alterado e deve ser observado, respeitado o direito adquirido à defesa[46].

Tome-se, ainda, como exemplo a prolação de uma decisão sob a vigência do CPC-1973. Proferida a decisão, a parte adquiriu o direito ao recurso previsto naquele Código revogado, tal como demonstrado no item 8.1, *infra*. Se, porém, o prazo para interposição do recurso somente teve início já com a vigência do CPC-2015, a parte deve submeter-se ao regime jurídico novo. De igual modo, se o prazo teve início na vigência do CPC revogado, mas se encerrou já sob a vigência do novo, vindo o ato a ser praticado neste segundo período, deve submeter-se ao novo regime. O direito ao recurso foi adquirido, mas o modo, a forma, o regime jurídico são os do novo Código. Se, por exemplo, o valor do preparo era de R$ 50,00 (cinquenta reais) no momento em que a decisão foi proferida, mas quando se iniciou o prazo para a parte recorrer o valor passou a ser de R$ 100,00 (cem reais), o preparo será de R$ 100,00 (cem reais), e não de R$ 50,00 (cinquenta reais). Há direito adquirido ao recurso, mas não ao regime jurídico do preparo.

De igual modo, proferida decisão interlocutória sob a vigência do Código revogado, a parte terá direito ao agravo de instrumento. No CPC--1973, o prazo para o agravo de instrumento era de 10 (dez) dias, contados continuamente. Não obstante adquirido o direito, se, quando da intimação, já estava em vigor o CPC-2015, o prazo será de 15 (quinze) dias, contados

---

[46] A ampla defesa é um princípio e, como princípio, é densificada por várias regras. Tais regras formam regimes jurídicos. Em outras palavras, há um conjunto de normas para o exercício de direitos; esse conjunto de normas é um regime jurídico. A ampla defesa não é um regime jurídico, é um princípio. As regras que concretizam a ampla defesa formam um conjunto. Esse conjunto de regras é um regime jurídico.

apenas os dias úteis (conferir, a propósito, o Capítulo 10, que trata do direito intertemporal em relação aos prazos).

Se, porém, a parte adquiriu direito a um recurso que foi extinto, não há novo regime jurídico que lhe seja aplicável. Nesse caso, há de ser aplicado o regime antigo, que fora revogado. A contagem de prazo, porém, é a do novo Código, pois se trata de regra geral, aplicável à prática de todos os atos processuais.

Cabe, ainda, lembrar o disposto no § 3º do art. 85 do CPC-2015. O Código revogado previa, no § 4º de seu art. 20, que os honorários, nas demandas que envolvessem o Poder Público, seriam fixados por equidade. O § 3º do art. 85 do novo Código estabelece uma tabela progressiva para a fixação do valor dos honorários de sucumbência nas causas que envolvam a Fazenda Pública. Não houve criação nem eliminação do direito a honorários. Apenas foram alterados os critérios de sua fixação. Modificou-se o regime jurídico para a fixação do valor. Não há direito adquirido à manutenção daquele regime. Logo, ainda que a demanda tenha sido proposta anteriormente, se a sentença for proferida já sob a vigência do CPC-2015, os honorários devem ser fixados de acordo com novo dispositivo. Diferente é a hipótese dos honorários recursais (tratados no item 8.5, *infra*), que não existiam no Código revogado, somente vindo a ser previstos no novo Código. Logo, não podem ser impostos no julgamento de recursos interpostos anteriormente, pois não havia direito a eles. A fixação de honorários recursais a casos em que o direito ao recurso surgiu na vigência do Código revogado constitui retroação indevida.

Há direito adquirido processual, mas não há direito adquirido a regime jurídico processual, ou melhor, não há direito adquirido à manutenção de regime jurídico processual. Com efeito, nas palavras de Eduardo Espinola e de Eduardo Espinola Filho, *"É princípio aceito que não existe um direito adquirido às formas processuais, porque o Estado, na tutela dos direitos, é sempre autorizado a estabelecer as formas, medidas e garantias, que se afigurem mais idôneas e oportunas; e, igualmente, não se pode configurar que a forma estabelecida na lei processual antiga haja constituído, para as partes, uma situação jurídica definitiva, que se tenha de respeitar"*[47].

---

[47] ESPINOLA, Eduardo; ESPINOLA FILHO, Eduardo. *A Lei de Introdução ao Código Civil comentada*. Rio de Janeiro-São Paulo: Livraria Freitas Bastos, 1943, v. 1, n. 123, p. 482-483; ESPINOLA, Eduardo; ESPINOLA FILHO, Eduardo. *Tratado de direito*

CAPÍTULO 1 • SEGURANÇA JURÍDICA E IRRETROATIVIDADE DAS LEIS NO SISTEMA BRASILEIRO 19

No mesmo sentido, segundo afirma Carlos Roberto Gonçalves, "A *mudança de rito procedimental, introduzida pela lei nova, afeta a relação processual já iniciada, sob forma diversa, ao tempo da lei revogada. O modus procedendi* não é efeito dos atos anteriormente praticados, e por isso deve ser aplicada a lei posterior, muito embora válidos sejam os atos que se realizaram e se moldaram na forma da lei antiga"[48].

É por isso que, invalidado um ato processual praticado sob a vigência de lei antiga, sua repetição, já sob a vigência da lei nova, submete-se ao regime jurídico nesta previsto.

1.4. RETROATIVIDADES MÁXIMA, MÉDIA E MÍNIMA

As leis têm efeito geral e imediato, aplicando-se, desde logo, para todos que se insiram na sua abrangência. As leis são editadas para reger fatos futuros, que ainda vão ocorrer. Em razão do disposto no art. 5º, XXXVI, da Constituição Federal, as leis não podem retroagir, não podem ter aplicação retroativa, não podem, enfim, ter efeitos retro-operantes.

É, em outras palavras, vedada a retroatividade das leis no sistema brasileiro.

Há, na verdade, três tipos de retroatividade: a máxima, a média e a mínima.

A retroatividade máxima ocorre quando a lei nova desfaz o ato já praticado; a média, quando a nova lei disciplina, integralmente, os efeitos do ato já praticado, alcançando, inclusive, aqueles pendentes; a mínima, quando a lei nova colhe efeitos futuros de ato já praticado[49].

No sistema brasileiro, em razão da previsão constitucional de irretroatividade das leis, nenhuma dessas retroatividades é admitida. Assim, praticado um ato, a nova lei não pode atingi-lo, não podendo também alcançar os seus efeitos, pendentes ou futuros.

Quando se trata de mudança constitucional, com o advento de uma nova Constituição Federal (decorrente do exercício do poder constituinte originário), as novas normas constitucionais têm efeito imediato, alcançando os efeitos futuros de fatos passados (retroatividade mínima), mas

---

civil brasileiro. Rio de Janeiro-São Paulo: Livraria Freitas Bastos, 1939, v. 2, n. 66, p. 244.

[48] GONÇALVES, Carlos Roberto. "Análise da Lei de Introdução ao Código Civil: sua função no ordenamento jurídico e, em especial, no processo civil". *Revista de Processo*. São Paulo: RT, n. 37, jan./mar. 1985, p. 28-29.

[49] ASSIS, Araken de. *Processo civil brasileiro*. São Paulo: RT, 2015, v. 1, n. 69, p. 231.

não desconstituem os fatos já consumados no passado (retroatividade máxima)[50]. A eficácia imediata da Constituição Federal só alcança os efeitos futuros de fatos passados (retroatividade mínima), não colhendo os fatos consumados no passado (retroatividade máxima)[51].

A jurisprudência do Supremo Tribunal Federal firmou-se no sentido de que os dispositivos constitucionais têm vigência imediata, alcançando os efeitos futuros de fatos passados (retroatividade mínima). Em geral, não alcançam os fatos consumados no passado nem seus efeitos já produzidos. É possível, porém, que haja previsão expressa para alcançar fatos já consumados ou efeitos já produzidos de fatos anteriores (retroatividades máxima e média)[52].

Somente uma nova Constituição Federal pode produzir retroatividade mínima. Já uma nova Constituição Estadual está sujeita à vedação do art. 5º, XXXVI, da Constituição Federal, não podendo a aplicação imediata de suas normas alcançar qualquer ato, nem efeitos já produzidos, pendentes ou futuros. Em outras palavras, as normas de uma nova Constituição Estadual não podem acarretar qualquer retroatividade, nem mesmo a mínima[53].

Qualquer lei nova também está sujeita à exigência constitucional de irretroatividade. O art. 5º, XXXVI, da Constituição Federal aplica-se a toda e qualquer lei infraconstitucional, sem qualquer distinção. Independentemente de ser lei de direito público ou de direito privado, de ser lei de ordem pública ou lei dispositiva, de ser de direito material ou de direito processual, não importa: não é possível qualquer tipo de retroatividade, nem a máxima, nem a média, nem a mínima[54].

---

[50] STF, 1ª Turma, RE 136.926, rel. Min. Moreira Alves, j. 16.11.1993, *DJ* 15.4.1994, p. 08062.

[51] STF, 1ª Turma, AI 137.195 AgR, rel. Min. Moreira Alves, j. 31.10.1995, *DJ* 17.5.1996 p. 16.330; STF, 1ª Turma, RE 161.320, rel. Min. Moreira Alves, j. 25.8.1998, *DJ* 4.12.1998, p. 23.

[52] STF, 1ª Turma, RE 242.740, rel. Min. Moreira Alves, j. 20.3.2001, *DJ* 18.5.2001, p. 87; STF, 1ª Turma, AI 248.696 AgR, rel. Min. Moreira Alves, j. 16.11.1999, *DJ* 17.12.1999, p. 16.

[53] STF, 1ª Turma, AI 258.337 AgR, rel. Min. Moreira Alves, j. 6.6.2000, *DJ* 4.8.2000, p. 27.

[54] STF, Pleno, ADI 493, rel. Min. Moreira Alves, j. 25.6.1992, *DJ* 4.9.1992, p. 14.089; STF, 1ª Turma, RE 188.366, rel. Min. Moreira Alves, j. 19.10.1999, *DJ* 19.11.1999, p. 67.

Na verdade, a Constituição Federal, no inciso XL do seu art. 5º, autoriza a retroatividade da lei penal mais benéfica[55]. Abstraída essa hipótese, que é prevista no próprio texto constitucional, não se admite retroatividade de leis no sistema brasileiro. Tradicionalmente, diz-se que a lei interpretativa é retroativa, não violando a disposição constitucional que garante a irretroatividade da lei[56].

---

[55] STF, 2ª Turma, HC 97.955, rel. Min. Ayres Britto, j. 6.12.2011, *DJe-072* 12.4.2012, public. 13.4.2012.

[56] Costuma-se citar como exemplo o disposto no art. 106 do Código Tributário Nacional, que assim dispõe: "Art. 106. A lei aplica-se a ato ou fato pretérito: I – em qualquer caso, quando seja expressamente interpretativa, excluída a aplicação de penalidade à infração dos dispositivos interpretados; II – tratando-se de ato não definitivamente julgado: a) quando deixe de defini-lo como infração; b) quando deixe de tratá-lo como contrário a qualquer exigência de ação ou omissão, desde que não tenha sido fraudulento e não tenha implicado em falta de pagamento de tributo; c) quando lhe comine penalidade menos severa que a prevista na lei vigente ao tempo da sua prática".

Capítulo 2

SISTEMAS DE DIREITO INTERTEMPORAL NO PROCESSO

*Assista ao **vídeo 2** com considerações introdutórias referentes a este capítulo.*

Instruções na primeira orelha do livro.

2.1. GENERALIDADES

Costuma-se dizer que as normas processuais têm incidência imediata, o que não se confunde com aplicação retroativa. Esta não se admite. Aliás, a irretroatividade das leis constitui norma constitucional, erigida à condição de garantia individual, exatamente porque a lei não prejudicará o direito adquirido, o ato jurídico perfeito e a coisa julgada (CF, art. 5º, XXXVI).

As normas processuais provêm para o futuro, disciplinando atos processuais que irão ser realizados. Aplica-se, como se vê, o princípio *tempus regit actum*. Os atos processuais já realizados, bem como os seus efeitos, na conformidade da lei anterior, permanecem eficazes.

No âmbito do direito processual, uma lei nova não se aplica a processos findos, sendo igualmente certa sua aplicação aos processos instaurados em sua vigência, ou seja, aos processos a serem iniciados quando já em vigor a lei. Em outras palavras, a nova lei processual tem *eficácia imediata*, não atingindo *atos processuais* já praticados, mas incidindo sobre aqueles que ainda haverão de ser realizados.

Toda a problemática está na incidência da lei nova aos processos pendentes. A respeito desse tema, existem três sistemas que disciplinam a aplicação da lei processual no tempo, a serem examinados a seguir.

2.2. SISTEMA DA UNIDADE PROCESSUAL

O processo é integrado por um conjunto de atos destinados a uma finalidade, que é a obtenção da sentença de mérito. Pelo sistema da unidade processual, o processo deve ser regido, integralmente, por uma só lei. Assim, iniciado o processo, irá regê-lo a lei em vigor no momento da propositura, não sofrendo a incidência de qualquer lei superveniente.

O sistema da unidade processual desdobra-se em dois outros: o que estabelece ser aplicável integralmente a lei anterior ou a lei atual[1]. Embora o primeiro funde-se num suposto direito adquirido pelas partes de continuarem conduzindo o processo segundo as normas que o viram começar, é certo que não pode haver direito adquirido a formas processuais[2].

Já o segundo esbarra na vedação de retroatividade da lei nova, não sendo possível desconsiderar os atos processuais já praticados ao tempo da lei antiga.

Por essa razão, costuma-se afirmar que o sistema da unidade caracteriza-se por ser o processo regido pela lei do momento em que foi proposta a demanda e ir assim até o final, ou seja, qualquer lei superveniente não atinge o processo em curso.

Tal sistema é adotado em algumas hipóteses. A aplicação da lei antiga deve perdurar integralmente para reger o processo quando a nova lei não apresenta forma compatível com os atos já realizados ou quando suprime todas as formas que estruturavam o processo pendente[3].

2.3. SISTEMA DAS FASES PROCESSUAIS

O processo é dividido em fases, mais ou menos separadas ou concentradas. Cada fase pode ser considerada isoladamente, como uma *unidade processual*. Tais fases são a postulatória, a instrutória, a decisória, a recursal e a de cumprimento da sentença.

A lei regula toda uma fase. Cada fase é regida pela lei em vigor no momento em que ela teve início.

Esse é o sistema das fases processuais, no qual se consideram as fases do processo (postulatória, instrutória, decisória, recursal e cumprimento da sentença) e cada uma constitui uma unidade processual. Nesse caso, sobrevindo uma nova lei, ela só incide a partir da próxima fase; a fase em curso mantém-se regida pela lei antiga. Desse modo, iniciada a fase postulatória, esta seria regulada pela lei então vigente, não vindo a ser atingida por leis supervenientes, que somente incidiram, naquele processo, a partir do início da nova fase.

---

[1] COSTA, Alfredo Araújo Lopes da. *Direito processual civil brasileiro*. 2ª ed. Rio de Janeiro: Forense, 1959, n. 278, p. 256.

[2] COSTA, Alfredo Araújo Lopes da. Ob. cit., n. 278, p. 256.

[3] COSTA, Alfredo Araújo Lopes da. Ob. cit., n. 278, p. 256.

Assim, por exemplo, instaurado processo sob a vigência da lei x, a superveniência da lei y não altera a forma da contestação a ser apresentada, pois esta se insere na fase postulatória. É preciso aguardar o encerramento da fase postulatória para que se faça incidir a nova lei.

2.4. SISTEMA DO ISOLAMENTO DOS ATOS PROCESSUAIS

O sistema do isolamento dos atos processuais considera cada ato processual isoladamente, devendo ser regido pela lei em vigor no momento de sua prática. Isoladamente considerado, o ato processual deve sempre ser praticado de acordo com a lei em vigor ao tempo de sua realização[4].

Por esse sistema, não se consideram as fases do processo, mas cada ato isoladamente. Não importa em que fase se encontre o processo. O ato deve atender aos termos da lei em vigor no momento de sua prática. Nesse sentido, *"a lei nova, encontrando o processo em desenvolvimento, respeita a eficácia dos atos processuais já realizados e disciplina o processo a partir da sua vigência. Por outras palavras, a lei nova respeita os atos processuais realizados, bem como os seus efeitos, e se aplica aos que houverem de realizar-se"*[5].

Na verdade, pelo sistema do isolamento dos atos processuais, não é possível a lei nova retroagir para alcançar ato já praticado ou efeito dele decorrente; a lei nova só alcança os próximos atos a serem praticados no processo[6].

2.5. DIREITO INTERTEMPORAL NO CÓDIGO DE PROCESSO CIVIL DE 1939

O CPC-1939 tratava do direito intertemporal em seu art. 1.047, que estava assim redigido:

---

[4] COSTA, Alfredo Araújo Lopes da. Ob. cit., n. 280, p. 258.

[5] SANTOS, Moacyr Amaral. *Primeiras linhas de direito processual civil*. 16ª ed. São Paulo: Saraiva, 1993, v. 1, p. 32.

[6] "Quanto aos processos pendentes, a regra é considerarem-se os atos já realizados de acordo e sob o império da lei antiga válidos e aptos a produzir todos os seus efeitos jurídicos, e aplicar-se a lei nova aos atos subsequentes, sempre que compatíveis com os atos já realizados e com os seus efeitos jurídicos normais, segundo a lei do tempo em que foram produzidos" (BONUMÁ, João. *Direito processual civil*. São Paulo: Saraiva, 1946, v. 1, n. 19-b, p. 74).

Art. 1.047. Em vigor êste Código, as suas disposições aplicar-se-ão, desde logo, aos processos pendentes.

§ 1º As ações cuja instrução esteja iniciada em audiência serão processadas e julgadas, em primeira instância, de acôrdo com a lei anterior, salvo quanto às nulidades.

§ 2º Êste Código regulará a admissibilidade dos recursos, sua interposição seu processo e seu julgamento, sem prejuízo dos interpostos de acôrdo com a lei anterior.

A regra geral contida no *caput* adotava o sistema do isolamento dos atos processuais. Seus §§ 1º e 2º apresentam exceções à regra.

O § 1º adotou, no tocante à instrução, o sistema de fases[7]. Iniciada a audiência de instrução e julgamento sob a vigência da legislação anterior, esta continuaria a ser aplicada até a prolação da sentença. Se a audiência ainda não tivesse sido iniciada quando da entrada em vigor do CPC-1939, era este que devia ser aplicado à instrução do caso.

O sistema de nulidades do CPC-1939 deveria aplicar-se imediatamente, mesmo para os atos instrutórios já iniciados sob a vigência da legislação anterior. Se algum ato fosse nulo pela lei antiga, mas válido pela nova, deveria ser sanado, corrigido, aplicando-se a nova lei[8].

A ressalva à instrução foi igualmente feita no âmbito recursal. Os recursos já interpostos sob a vigência da legislação anterior seriam regidos pela legislação anterior, somente se aplicando as normas do CPC-1939 aos recursos interpostos a partir do início de sua vigência. No âmbito probatório, o marco temporal era o início da audiência de instrução; no âmbito recursal, a interposição do recurso[9].

Relativamente aos prazos, o CPC-1939, em seu art. 1.048, assim dispôs: *"Os prazos assinados correrão segundo a lei anterior; os de remessa e preparo dos feitos obedecerão, todavia, ao que dispuser este Código e do dia da sua entrada em vigor se contarão, salvo si o tempo decorrido for de mais de metade".*

É importante observar que o CPC-1939 foi editado sob a égide da Constituição Federal de 1937, que não assegurava a irretroatividade das leis, de modo que, para a época, eram válidas as exceções abertas pela

---

[7]   COSTA, Alfredo Araújo Lopes da. Ob. cit., n. 279, p. 257.

[8]   MIRANDA, Francisco Cavalcanti Pontes de. *Comentários ao Código de Processo Civil*. 2ª ed. Rio de Janeiro: Forense, 1962, t. XV, p. 248.

[9]   Ibidem, p. 250-253.

legislação, permitindo, inclusive, a retroatividade, desde que expressamente prevista.

2.6. DIREITO INTERTEMPORAL NO CÓDIGO DE PROCESSO CIVIL DE 1973

O CPC-1973 não regulou o direito transitório ou intertemporal, restringindo-se a dispor, na segunda parte de seu art. 1.211, que, *"Ao entrar em vigor, suas disposições aplicar-se-ão desde logo aos processos pendentes"*.

A segunda parte do art. 1.211 do CPC-1973 reproduziu o texto do *caput* do art. 1.047 do CPC-1939, sem as exceções constantes de seus §§ 1º e 2º. Foi, então, adotado integralmente o sistema do isolamento dos atos processuais.

2.7. DIREITO INTERTEMPORAL NO CÓDIGO DE PROCESSO CIVIL DE 2015

O CPC-2015, ao tratar da sua aplicação no tempo, mais propriamente nos arts. 14 e 1.046, adotou o sistema do isolamento dos atos processuais. Logo, cada ato deve ser considerado isoladamente, aplicando-se, para cada um, a lei em vigor no momento de sua prática.

Há, porém, alguns dispositivos específicos que excepcionam a adoção do sistema do isolamento dos atos processuais para alguns temas específicos. Em alguns casos, que serão examinados ao longo dos capítulos seguintes, foi adotado o sistema da unidade processual ou das fases. A preocupação, nesses casos, foi com a proteção do contraditório e da segurança jurídica, tutelando a confiança legítima das partes. Mesmo não havendo direito adquirido, o legislador tutela a confiança, com o que preservou a segurança jurídica e resguardou o contraditório.

Como já se viu, em razão da previsão constitucional de irretroatividade das leis, nenhuma retroatividade é admitida. Assim, praticado um ato, a nova lei não pode atingi-lo, não podendo também alcançar os seus efeitos, pendentes ou futuros.

Capítulo 3

DIREITO INTERTEMPORAL EM MATÉRIA DE COMPETÊNCIA

Assista ao **vídeo 3** com considerações introdutórias referentes a este capítulo.
Instruções na primeira orelha do livro.

3.1. O JUIZ NATURAL COMO UMA CLÁUSULA DE IRRETROATIVIDADE

Em razão da garantia do juiz natural, não se permite a criação de juízos extraordinários ou de tribunais de exceção, nem a instituição de juízo *post factum*, havendo necessidade de os critérios de competência estarem abstrata e genericamente predeterminados em lei.

Significa que o juiz competente é aquele indicado por normas abstratas e gerais, que não podem ser manipuladas nem pelo Legislativo, nem pelo Executivo, para julgamento de casos ou pessoas determinadas[1]. Nesse ponto, o qualificativo *natural* substancialmente equivale a *pré-constituição*, na medida em que se exige que a competência do juízo seja fixada *a priori*, com base em critérios gerais e abstratos, relativamente a uma série indeterminada de controvérsias[2].

O juízo deve ser instituído *antes* do fato a ser julgado. A isso acresce que não se pode criar uma competência especial *ex post facto*, nem mesmo para o juiz já instituído[3]. O acesso à jurisdição supõe a possibilidade de se formular a pretensão ante um órgão que seja jurisdicional. Já o direito

---

[1] CAPPONI, Bruno. *Appunti sulla legge processuale civile (fonti e vicende)*. Torino: Giappichelli, 1999, p. 22.

[2] COMOGLIO, Luigi Paolo; FERRI, Corrado; TARUFFO, Michele. *Lezioni sul processo civile – I. Il processo ordinario di cognizione*. 3ª ed. Bologna: Il Mulino, 2005, p. 85.

[3] GRINOVER, Ada Pellegrini. "O princípio do juiz natural e sua dupla garantia". *Revista de Processo*. São Paulo: RT, jan./mar. 1983, n. 29, p. 17; ARIETA, Giovanni. *La sentenza sulla competenza*: struttura, eficácia e estabilidade. Padova: Cedam, 1990, p. 95-100; CAPPONI, Bruno. *Appunti sulla legge processuale civile (fonti e vicende)*. Torino: Giappichelli, 1999, p. 22-30; PÉREZ, Jesús González. *El derecho a la tutela jurisdiccional*. 3ª ed. Madrid: Civitas, 2001, p. 179-180.

ao juiz natural supõe algo mais: que o processo se decida pelo juiz *predeterminado* pela lei[4].

Em outras palavras, a garantia do juiz natural estatui, indiretamente, também a irretroatividade das normas sobre competência[5], constituindo, bem por isso, uma cláusula de irretroatividade. Daí ser necessário que o órgão judicial preexista à propositura da demanda e que as normas de competência permitam determinar qual o juízo que deverá processar e julgar a causa. Essa é uma imposição não somente do juiz natural, mas também do princípio da irretroatividade[6].

A assertiva tem a confirmá-la o disposto no art. 8º, n. 1, do Pacto de São José da Costa Rica, do qual o Brasil é signatário, de cujo teor se extrai a seguinte dicção: *"Toda pessoa terá o direito de ser ouvida, com as devidas garantias e dentro de um prazo razoável, por um juiz ou Tribunal competente, independente e imparcial, estabelecido anteriormente por lei, na apuração de qualquer acusação penal formulada contra ela, ou na determinação de seus direitos e obrigações de caráter civil, trabalhista, fiscal ou de qualquer outra natureza"*.

Como se vê, nos termos da mencionada norma, a garantia de um juiz ou tribunal competente, independente e imparcial, *estabelecido anteriormente por lei*, diz respeito não apenas à acusação penal, mas igualmente à determinação de direitos e obrigações de caráter civil, trabalhista, fiscal ou de qualquer outra natureza.

É bem verdade, como assinala Pontes de Miranda, que *"a competência tem de ser verificada para o momento em que a autoridade judiciária ou a autoridade administrativa tem de resolver"*[7]. Os atos processuais, como se sabe, são regidos pela lei do momento em que são praticados, ou, se sua prática não é instantânea, pela lei do momento em que se iniciam[8].

Os atos anteriores, praticados pelo juiz então competente, não são alcançados pela lei que altera a competência. Apenas os próximos atos é que devem sujeitar-se à nova lei.

---

[4]   PÉREZ, Jesús González. Ob. cit., p. 175.

[5]   COMOGLIO, Luigi Paolo; FERRI, Corrado; TARUFFO, Michele. Ob. cit., p. 85.

[6]   PÉREZ, Jesús González. Ob. cit., p. 180.

[7]   *Comentários à Constituição de 1967, com a Emenda n. 1, de 1969*. Rio de Janeiro: Forense, 1987, t. V, p. 106.

[8]   Idem, p. 254.

3.2. A *PERPETUATIO JURISDICTIONIS* E O SEU MOMENTO DETERMINANTE

A propositura da demanda produz o efeito da litispendência, daí decorrendo vários efeitos processuais, entre os quais o da *perpetuatio jurisdictionis*[9].

Em alguns sistemas processuais, a simples propositura da demanda gera a litispendência, produzindo efeitos processuais sobre o órgão jurisdicional, sobre as *partes* e sobre o *objeto do processo*, de forma a tornar tais elementos imutáveis, os quais não se sujeitam a modificações decorrentes de fatos ou direitos supervenientes[10]. A imutabilidade relativa ao órgão jurisdicional é identificada como *perpetuatio jurisdictionis*, enquanto a que se relaciona às partes equivale a *perpetuatio legitimationis*, sendo certo que a impossibilidade de *mutatio libelli* consiste na imutabilidade do objeto do processo.

A *perpetuatio jurisdictionis* torna imutáveis os critérios que definem a competência, consistindo em efeito da propositura da demanda, e não da citação válida nem de outro momento processual, cingindo-se a tornar imutáveis os critérios definidores da competência do juízo.

A *perpetuatio jurisdictionis* impõe a inalterabilidade da competência, a qual, uma vez firmada, deve prevalecer durante todo o curso do processo[11].

A simples propositura da demanda já produz a *perpetuatio jurisdictionis*, imutabilizando os critérios que definiram a competência. Nos termos do art. 312 do CPC-2015, *"considera-se proposta a ação quando a petição inicial for protocolada"*. Basta o protocolo da petição inicial para

---

[9] Para mais detalhes sobre o tema, consultar CUNHA, Leonardo Carneiro da. *Jurisdição e competência*. 2ª ed. São Paulo: RT, 2013, p. 217-228.

[10] ALONSO, José Manuel Chozas. *La perpetuatio iurisdictionis*: un efecto procesal de la litispendencia. Granada: Editorial Comares, 1995, p. 29-30; ALSINA, Hugo. *Tratado teórico practico de derecho procesal civil y comercial*. 2ª ed. Buenos Aires: Ediar, 1958, v. 3, p. 27; LENT, Friedrich. *Diritto processuale civile tedesco – parte prima*: il procedimento di cognizione. Trad. Edoardo F. Ricci. Napoli: Morano, 1962, § 40, p. 165; JAUERNIG, Othmar. *Direito processual civil*. Trad. F. Silveira Ramos. 25ª ed. Coimbra: Almedina, 2002, § 40, p. 227; ROSENBERG, Leo. *Tratado de derecho procesal civil*. Trad. Angela Romera Vera. Buenos Aires: E.J.E.A., 1955, t. II, p. 127-137.

[11] THEODORO JÚNIOR, Humberto. *"Perpetuatio iurisdictionis*. Alterações da competência absoluta e funcional. Critério de estabelecimento da competência interna dos órgãos do tribunal. Prevenção regimental. Momento de eficácia do ato processual. Papel do escrivão". *Revista Dialética de Direito Processual*. São Paulo: Dialética, v. 30, set. 2005, p. 112.

que se tenha como proposta a demanda. No CPC-1973, a demanda considerava-se proposta, de acordo com o seu art. 263, quando despachada a petição inicial ou, nos foros onde houvesse mais de um juízo com a mesma competência, pela distribuição.

A competência, enfim, é determinada no momento da propositura da demanda. Essa é uma regra que incorpora a irretroatividade garantida constitucionalmente, estando prevista tanto no art. 87 do CPC-1973 como no art. 43 do CPC-2015. É nesse instante que se opera a *perpetuatio jurisdictionis*. Para isso, é preciso que o juízo seja, naquele momento da propositura, competente. Sendo, naquele momento inicial, incompetente, não se produz a *perpetuatio jurisdictionis*.

Acontece, porém, que a competência pode sobrevir no curso do processo. Legislação superveniente pode conferir competência ao juízo, que não a detinha no momento da propositura da demanda. Nesse caso, o juízo, que era incompetente, passa a ser competente. A *perpetuatio jurisdictionis*, em hipótese como essa, somente se produz a partir do momento em que entra em vigor a norma que conferiu competência ao juízo, se não tiver ainda havido declinação da competência. Produzida a *perpetuatio jurisdictionis*, com a aquisição da competência superveniente, a partir de então, imutabilizam-se os critérios definidores da competência, não repercutindo no processo qualquer mudança no estado de fato ou de direito.

O momento determinante da *perpetuatio jurisdictionis* é, como se vê, o da propositura da demanda, desde que o juízo seja, em tal momento, competente. Não detendo competência o juízo, quando da propositura da demanda, o momento determinante da *perpetuatio jurisdictionis* será, então, o da "aquisição" da competência. Sobrevindo a competência que faltava ao juízo, a partir daí será produzido o efeito da *perpetuatio jurisdictionis*, tornando-se imutáveis os critérios fixadores da competência.

3.3. CONTEÚDO DA *PERPETUATIO JURISDICTIONIS*

A regra da *perpetuatio jurisdictionis* aplica-se indistintamente, seja por resguardar os critérios considerados de fato, seja por resguardar os assim ditos critérios jurídicos[12].

---

[12] GIULIANO, Mario. *La giurisdizione civile italiana e lo straniero*. 2ª ed. Milano: Giuffrè, 1970, p. 166.

CAPÍTULO 3 • DIREITO INTERTEMPORAL EM MATÉRIA DE COMPETÊNCIA | 37

Sendo o juízo competente no momento da propositura da demanda, é irrelevante a posterior modificação do domicílio do réu[13]. A alteração de qualquer situação, circunstância ou estado de fato que sirva para fixação da competência não repercute nos processos em curso. Assim, não somente a modificação da residência ou do domicílio do réu, mas igualmente a da cidadania, da nacionalidade ou a mudança do domicílio eleito, não reflete no processo em curso[14].

A mudança no estado de direito também não altera a competência inicialmente fixada. O termo "estado de direito" também engloba a expressão "direito superveniente". Logo, a mudança do critério de competência, por norma superveniente, não haveria de alterar a competência dos processos em andamento. Parte da doutrina entende que essa é uma peculiaridade que depende de previsão contida nas "disposições transitórias"[15]. Há, ainda, os que entendem que a *perpetuatio jurisdictionis* não se aplica diante de mudanças legislativas: a nova lei que altera a competência deveria incidir, imediatamente, nos processos em curso, sobretudo quando se altera a competência absoluta[16].

Não havendo norma transitória, impende aplicar a *perpetuatio jurisdictionis* também para as mudanças legislativas, de forma que a lei superveniente que trata da competência não deve atingir os processos em curso[17], ressalvadas as exceções a serem examinadas nos itens seguintes. Se, por exemplo, for proposta uma demanda que versa sobre

---

[13]   ROSENBERG, Leo. *Tratado de derecho procesal civil.* Trad. Angela Romera Vera. Buenos Aires: E.J.E.A., 1955, t. I, p. 202-203.

[14]   MONTESANO, Luigi; ARIETA, Giovanni. *Trattato di diritto processuale civile.* Padova: Cedam, 2001, v. 1, t. I, n. 30, p. 89.

[15]   GUASP, Jaime; ARAGONESES, Pedro. *Derecho procesal civil.* 5ª ed. Madrid: Civitas, 2002, t. I, p. 79-80.

[16]   MIRANDA, Pontes de. *Comentários ao Código de Processo Civil.* 2ª ed. Rio de Janeiro: Forense, 1974, t. II, p. 164-165; NERY JR., Nelson. "Modificação da competência pela reforma do Judiciário (Emenda Constitucional 45/2004): direito intertemporal e *perpetuatio iurisdictionis*". In: FUX, Luiz; NERY JR., Nelson; WAMBIER, Teresa Arruda Alvim (coords.). *Processo e Constituição*: estudos em homenagem ao professor José Carlos Barbosa Moreira. São Paulo: RT, 2006, p. 254.

[17]   ALONSO, José Manuel Chozas. *La perpetuatio iurisdictionis*: un efecto procesal de la litispendencia. Granada: Comares, 1995, p. 124. No mesmo sentido: ROLDÁN, José Miguel López; GUTIÉRREZ, Yolanda Girón. *Competencia judicial en materia civil.* Granada: Comares, 1998, p. 19.

direito obrigacional, a competência será do juízo do foro do domicílio do réu. Sobrevindo lei que revogue dito dispositivo ou que altere a regra para estabelecer como competente o foro do domicílio do autor, a competência não deve ser alterada mercê da incidência da *perpetuatio jurisdictionis*. A mudança legislativa, nesse caso, não deve atingir os processos em curso.

A competência é regida pela legislação em vigor no momento da propositura da demanda (CPC-1973, art. 87; CPC-2015, art. 43), não sendo modificada a competência em razão da superveniência de norma que estabeleça contrariamente, ressalvadas as exceções que serão examinadas nos itens seguintes.

3.4. EXCEÇÕES À REGRA DA *PERPETUATIO JURISDICTIONIS*

Já se viu que o estado de fato e o estado de direito, que serviram para definir a competência no momento da propositura da demanda, tornam-se imutáveis mercê da *perpetuatio jurisdictionis*, de sorte que qualquer alteração superveniente não tem o condão de modificar a competência. Há, contudo, estados de fato ou de direito que podem repercutir no processo em curso, alterando a competência do juízo estabelecida inicialmente.

O art. 87 do CPC-1973 e o art. 43 do CPC-2015 estabelecem que a competência é determinada no momento da propositura da demanda, sendo irrelevantes as modificações no estado de fato ou de direito ocorridas posteriormente, salvo quando suprimirem o órgão judiciário ou alterarem a competência absoluta. Significa que, no sistema brasileiro, não se aplica a *perpetuatio jurisdictionis*, quando o órgão judiciário for suprimido ou quando for alterada a competência absoluta.

Impõe-se repetir: a *perpetuatio jurisdictionis* não se aplica quando for alterada a competência absoluta, seja ela material, funcional, hierárquica, *ratione personae* e, até mesmo, nos casos em que a competência territorial e aquela fixada em razão do valor da causa são absolutas.

Havendo, por lei superveniente, modificação em critério de competência absoluta, não se aplica a *perpetuatio jurisdictionis*. Nesse caso, a alteração atinge o processo em curso, que deve passar a tramitar perante o juízo que passou a ostentar a competência absoluta para processar e julgar a causa.

3.5. NOVAS REGRAS SOBRE COMPETÊNCIA NO CPC-2015

3.5.1. Novas competências territoriais

Os arts. 52 e 53 do CPC-2015 contêm regras novas sobre competência territorial.

Nos termos do art. 52, é competente o foro do domicílio do réu para as causas em que seja autor Estado ou o Distrito Federal. Se, porém, o Estado ou o Distrito Federal for o demandado, a ação poderá ser proposta no foro de domicílio do autor[18], no de ocorrência do ato ou fato que originou a demanda, no de situação da coisa ou na capital do respectivo ente federado.

Já o art. 53 modifica várias regras tradicionais de competência territorial, alterando, por exemplo, a competência para a ação de divórcio, de separação, de anulação de casamento e de reconhecimento ou dissolução de união estável. A competência, que no CPC-1973 era do foro da residência da mulher, passou a ser, com o CPC-2015, do foro do domicílio do guardião de filho incapaz, do último domicílio do casal, caso não haja filho incapaz, ou do domicílio do réu, se nenhuma das partes residir no antigo domicílio do casal.

Também em razão do art. 53 do CPC-2015, passou a ser competente o juízo do foro da sede da serventia notarial ou de registro, para a ação de reparação de dano por ato praticado em razão do ofício.

O art. 46, § 5º, do CPC-2015 dispõe que a competência para processar e julgar a execução fiscal será do juízo do foro do domicílio do devedor, do de sua residência ou do lugar onde for encontrado. Não há mais a previsão contida no parágrafo único do art. 578 do CPC-1973, que permitia à Fazenda Pública propor a execução fiscal no foro do lugar em que se praticou o ato ou ocorreu o fato que deu origem à dívida, embora nele não resida o executado, ou, ainda, no foro da situação dos bens, quando a dívida deles se originar.

Tais regras *não* alcançam os processos em curso. Isso porque, como se viu nos itens anteriores, a mudança superveniente no estado de fato ou de direito é irrelevante para os processos em curso, não alterando a competência estabelecida quando da propositura das respectivas demandas.

---

[18] Regra cuja constitucionalidade é questionada no STF pelo Governador do Rio de Janeiro mediante a Ação Direta de Inconstitucionalidade 5.492.

As novidades trazidas pelo CPC-2015 quanto à competência territorial somente incidem nos processos instaurados a partir do início de sua vigência, não alcançando os processos findos nem os processos pendentes. Aplica-se aqui a regra geral da *perpetuatio jurisdictionis*, explicada nos itens anteriores.

Não é possível aplicar essas novas regras de competência territorial aos processos em curso, nem mesmo se o autor desistir da ação para pretender beneficiar-se de alguma dessas novas regras. É que, extinto o processo sem resolução do mérito, a repropositura da demanda deve ser dirigida ao mesmo juízo (CPC-1973, art. 253, II; CPC-2015, art. 286, II).

Desse modo, caso a parte autora desista da ação, haverá, como se sabe, extinção do processo *sem* resolução do mérito, permitindo a renovação da demanda. É possível a renovação da demanda, só que haverá de ser distribuída por dependência ao juízo que homologou a desistência, o qual ficará vinculado. Enfim, a repropositura da demanda deverá ser *atribuída* ao mesmo juízo que homologara a desistência da ação, ainda que a parte renove a demanda em litisconsórcio com outros autores.

À evidência, extinto o processo sem resolução do mérito – independentemente do motivo que ensejou tal extinção –, a reiteração do pedido, ainda que em demanda formada em litisconsórcio ativo e mesmo que haja alteração no polo passivo, deverá ser submetida ao crivo do mesmo juízo.

Não obedecida a regra de distribuição por dependência, haverá *invalidade* dos atos decisórios proferidos no processo, pois o juízo será absolutamente incompetente. A extinção do processo sem resolução do mérito mantém o juízo vinculado ao caso. A vinculação do juízo, nesses casos, confere-lhe competência absoluta.

CPC-2015	CPC-1973
Art. 52. É competente o foro de domicílio do réu para as causas em que seja autor Estado ou o Distrito Federal. **Parágrafo único.** Se Estado ou o Distrito Federal for o demandado, a ação poderá ser proposta no foro de domicílio do autor, no de ocorrência do ato ou fato que originou a demanda, no de situação da coisa ou na capital do respectivo ente federado.	Sem correspondente no CPC-1973.

CAPÍTULO 3 • DIREITO INTERTEMPORAL EM MATÉRIA DE COMPETÊNCIA | 41

CPC-2015	CPC-1973
Art. 53. É competente o foro:	**Art. 100.** É competente o foro:
I – para a ação de divórcio, separação, anulação de casamento e reconhecimento ou dissolução de união estável: a) de domicílio do guardião de filho incapaz; b) do último domicílio do casal, caso não haja filho incapaz; c) de domicílio do réu, se nenhuma das partes residir no antigo domicílio do casal;	I – <u>da residência da mulher</u>, para a ação de separação <u>dos cônjuges e a con-</u><u>versão desta em divórcio e para</u> a anulação de casamento;
II – de domicílio ou residência do ali-mentando, para a ação em que se pedem alimentos;	II – <u>do</u> domicílio ou <u>da</u> residência do alimentando, para a ação em que se pedem alimentos;
III – do lugar:	IV – do lugar:
a) onde está a sede, para a ação em que for ré pessoa jurídica;	a) onde está a sede, para a ação em que for ré <u>a</u> pessoa jurídica;
b) onde se acha agência ou sucursal, quanto às obrigações que a pessoa jurídica contraiu;	b) onde se acha <u>a</u> agência ou sucursal, quanto às obrigações que <u>ela</u> contraiu;
c) onde exerce suas atividades, para a ação em que for ré sociedade ou associação sem personalidade jurídica;	c) onde exerce <u>a sua atividade princi-</u><u>pal</u>, para a ação em que for ré <u>a</u> sociedade, <u>que carece de</u> personalidade jurídica;
d) onde a obrigação deve ser satis-feita, para a ação em que se lhe exigir o cumprimento;	d) onde a obrigação deve ser satis-feita, para a ação em que se lhe exigir o cumprimento;
e) de residência do idoso, para a causa que verse sobre direito previsto no respec-tivo estatuto;	Sem correspondente no CPC-1973. *Vide:* Lei nº 10.741/2003 (Estatuto do Idoso), art. 80. "As ações previstas neste Capítulo serão propostas no foro do domi-cílio do idoso, cujo juízo terá competência absoluta para processar a causa, ressalva-das as competências da Justiça Federal e a competência originária dos Tribunais Superiores."
f) da sede da serventia notarial ou de registro, para a ação de reparação de dano por ato praticado em razão do ofício;	Sem correspondente no CPC-1973.

CPC-2015	CPC-1973
IV – do lugar do ato ou fato para a ação:	V – do lugar do ato ou fato:
a) de reparação de dano;	a) <u>para a ação</u> de reparação <u>do</u> dano;
b) em que for réu administrador ou gestor de negócios alheios;	b) <u>para a ação</u> em que for réu <u>o</u> administrador ou gestor de negócios alheios.
V – de domicílio do autor ou do local do fato, para a ação de reparação de dano sofrido em razão de delito ou acidente de veículos, inclusive aeronaves.	Parágrafo único. <u>Nas ações</u> de reparação <u>do</u> dano sofrido em razão de delito ou acidente de veículos, <u>será competente o foro do domicílio do autor ou do local do fato.</u>

CPC-2015	CPC-1973
Art. 46. A ação fundada em direito pessoal ou em direito real sobre bens móveis será proposta, em regra, no foro de domicílio do réu. (...)	**Art. 94.** A ação fundada em direito pessoal <u>e a ação fundada</u> em direito real sobre bens móveis <u>serão propostas</u>, em regra, no foro <u>do</u> domicílio do réu.
§ 5º A execução fiscal será proposta no foro de domicílio do réu, no de sua residência ou no do lugar onde for encontrado.	**Art. 578.** A execução fiscal (<u>artigo 585, VI</u>) será proposta no foro <u>do</u> domicílio do réu; <u>se não o tiver</u>, no de sua residência ou no lugar onde for encontrado. Parágrafo único. <u>Na execução fiscal, a Fazenda Pública poderá escolher o foro de qualquer um dos devedores, quando houver mais de um, ou o foro de qualquer dos domicílios do réu; a ação poderá ainda ser proposta no foro do lugar em que se praticou o ato ou ocorreu o fato que deu origem à dívida, embora nele não mais resida o réu, ou, ainda, no foro da situação dos bens, quando a dívida deles se originar.</u>

CPC-2015	CPC-1973
Art. 286. Serão distribuídas por dependência as causas de qualquer natureza: (...)	**Art. 253.** <u>Distribuir-se-ão</u> por dependência as causas de qualquer natureza: (...)
II – quando, tendo sido extinto o processo sem resolução de mérito, for reiterado o pedido, ainda que em litisconsórcio com outros autores ou que sejam parcialmente alterados os réus da demanda;	II – quando, tendo sido extinto o processo, sem <u>julgamento</u> de mérito, for reiterado o pedido, ainda que em litisconsórcio com outros autores ou que sejam parcialmente alterados os réus da demanda;

3.5.2. Abolição da identidade física do juiz como regra de competência absoluta

O culto à oralidade, durante algum tempo, fez que se considerasse fundamental a regra da identidade física do juiz, a exigir, nas palavras de Humberto Theodoro Júnior, que *"a mesma pessoa que colhe a prova deve ser também quem a aprecia e formula a decisão da causa"*[19].

A regra da identidade física do juiz vincula o julgador e confere-lhe competência absoluta para proferir a sentença.

Diante da relevância dada à oralidade, entendia-se haver a prevalência das manifestações verbais sobre as escritas, sobressaindo a proximidade imediata do juiz com as questões e incidentes surgidos no processo, permitindo-se que a colheita das provas, a discussão e o julgamento da causa operassem em audiência única, com o afastamento da possibilidade de recursos serem interpostos diretamente ao tribunal.

Na sua redação originária, o art. 132 do CPC-1973 previa que o juiz que *iniciasse* a audiência concluiria a instrução, ressalvadas as hipóteses de transferência, promoção ou aposentadoria. O dispositivo impunha a vinculação do juiz para *encerrar* a audiência: se ele a tivesse iniciado, deveria encerrá-la. Numa interpretação rigorosamente literal, o juiz deveria vincular-se ao processo apenas para encerrar a audiência, e não para proferir a sentença. Muito embora uma exegese de rigor literal pudesse levar a essa conclusão, logo se ajuntaram letras e vozes para concluir que o juiz que iniciasse a audiência deveria concluí-la *e proferir a sentença*. Por uma interpretação sistemática e conjugando o art. 132 com os arts. 454, 455 e 456, todos do CPC-1973, observava-se que o juiz que encerrasse a instrução deveria proferir a sentença[20]. Pela regra da identidade física do juiz, aquele que iniciasse a instrução deveria proferir a sentença no processo, salvo se transferido, promovido ou aposentado.

A Lei nº 8.637, de 1993, deu nova redação ao art. 132 do CPC. Com ela, ficou mais claro que era o juiz que concluísse – e não o que iniciasse – a

---

[19] THEODORO JÚNIOR, Humberto. "Princípios gerais do direito processual civil". *Revista de Processo*. São Paulo: RT, v. 23, jul./set. 1981, p. 186.

[20] ALVIM NETO, José Manuel de Arruda; MICHELI, Gian Antônio; FORNACIARI JÚNIOR, Clito; PELUSO, Antônio Cezar; ARRUDA, Antônio Carlos Matteis de. "Promoção do juiz depois de terminada a instrução e antes da prolação da sentença". *Revista de Processo*. São Paulo: RT, v. 4, out./dez. 1976.

audiência que ficaria vinculado, devendo proferir a sentença. Se o juiz iniciasse, mas não concluísse a audiência, não ficaria vinculado. A vinculação era do juiz que *encerrasse* a instrução. Ademais, aquela mudança ampliou muito as exceções à regra, inserindo hipóteses de licença, convocação ou afastamento por qualquer motivo, o que serviu para esvaziar praticamente a sua aplicação.

Não existe mais a regra da identidade física do juiz. O CPC-2015 não contém qualquer dispositivo que reproduza o disposto no art. 132 do CPC-1973. Os juízes que encerrarem a instrução não estarão mais vinculados, não havendo mais essa competência absoluta para proferir a sentença.

Houve a eliminação de uma competência absoluta, devendo a mudança ser aplicada imediatamente aos processos em curso. Os juízes que encerraram instruções sob a vigência do CPC-1973 não estão mais vinculados aos respectivos processos, não devendo necessariamente ter de proferir sentença neles. O juiz substituto ou outro que venha a assumir o caso poderá proferir a sentença.

Como se trata de mudança de competência absoluta, a nova regra incide imediatamente nos processos em curso.

3.5.3. Supressão do juízo provisório de admissibilidade na apelação e no recurso ordinário

Como se sabe, toda postulação sujeita-se a duplo exame do órgão julgador: o de admissibilidade e o de mérito. O juízo de admissibilidade é sempre preliminar ao juízo de mérito: a solução do primeiro determinará se o mérito será ou não examinado. A exemplo de qualquer ato postulatório, o recurso sujeita-se ao juízo de admissibilidade e ao juízo de mérito.

O juízo de admissibilidade pode ser positivo ou negativo. É *positivo* quando se conhece ou se admite o recurso, passando-se a examinar seu mérito. É, por sua vez, *negativo* quando não se admite ou conhece do recurso, deixando-se de analisar seu mérito. O juízo de admissibilidade pode, ainda, ser *provisório* ou *definitivo*. Quando o recurso for interposto perante o órgão *a quo* (órgão que proferiu a decisão recorrida), este poderá, a depender da previsão normativa, exercer o juízo *provisório* de admissibilidade. Cabe ao órgão *ad quem* (órgão a quem o recurso se destina) exercer o juízo definitivo de admissibilidade. Quando o órgão judiciário reputa inadmissível um recurso, diz-se que ele *não o conheceu* ou *não o admitiu*.

CAPÍTULO 3 • DIREITO INTERTEMPORAL EM MATÉRIA DE COMPETÊNCIA | 45

Tradicionalmente, o sistema brasileiro previa, nos recursos interpostos perante o órgão *a quo*, a competência desse último para exercer o juízo provisório de admissibilidade, cometendo ao juízo *ad quem* o juízo definitivo de admissibilidade.

O CPC-2015 alterou essa regra tradicional no sistema brasileiro. Ressalvado o caso do agravo de instrumento, cuja interposição é feita diretamente no tribunal, os recursos são interpostos perante o órgão que proferiu a decisão recorrida. O juízo *a quo* não tem mais competência para examinar a admissibilidade do recurso.

Por força da Lei nº 13.256, de 2015, o tribunal de segunda instância continua com competência para exercer o juízo provisório de admissibilidade do recurso extraordinário e do recurso especial.

Em relação à apelação e ao recurso ordinário, não há mais competência do juízo *a quo* para proceder ao primeiro juízo de admissibilidade. O juízo *ad quem* sempre terá a competência para proceder ao juízo de admissibilidade do recurso. Se o juízo *a quo* inadmitir uma apelação ou um recurso ordinário, estará usurpando competência do tribunal, sendo cabível reclamação para cassar sua decisão (CPC, art. 988, I).

Essas mudanças levadas a efeito pelo CPC-2015 aplicam-se imediatamente, inclusive em relação aos recursos já interpostos sob a vigência do CPC-1973. O juízo *a quo* não dispõe mais de competência para exercer a admissibilidade provisória da apelação ou do recurso ordinário[21].

Houve, como se percebe, mudança de competência absoluta. E, conforme já demonstrado, a mudança de competência absoluta alcança os processos em curso, tendo aplicação imediata. A regra da *perpetuatio jurisdictionis* cede em face da mudança de competência absoluta.

O ato do órgão jurisdicional deve levar em conta a competência absoluta do momento de sua prática. Se, ao se deparar com um recurso, mesmo tendo este sido interposto anteriormente, o órgão *a quo* não dispuser mais de competência absoluta para examinar sua admissibilidade, não poderá fazê-lo, sob pena de usurpar competência do respectivo tribunal.

A supressão da competência para examinar o juízo provisório de admissibilidade atinge, em suma, os processos pendentes, não sendo pos-

---

[21] Nesse sentido, o Enunciado 356 do Fórum Permanente de Processualistas Civis: "Aplica-se a regra do art. 1.010, § 3º, às apelações pendentes de admissibilidade ao tempo da entrada em vigor do CPC, de modo que o exame da admissibilidade destes recursos competirá ao Tribunal de 2º grau".

sível ao órgão *a quo* exercê-lo, ainda que se trate de recurso interposto sob vigência do CPC-1973. Por ser uma mudança de competência absoluta, aplica-se imediatamente, inclusive nos recursos pendentes.

3.5.4. Juízo de retratação na apelação contra sentença que não resolve o mérito

Em regra, a apelação não permite a retratação do juízo que proferiu a sentença. Isso porque, publicada a sentença, o juiz não pode, em regra, mais alterá-la. No CPC-1973, apresentava exceções a essa regra: apelação contra sentença que indefere a petição inicial; apelação contra sentença que julgasse liminarmente improcedente o pedido. O Estatuto da Criança e do Adolescente, em seu art. 198, VII e VIII, confere ao juiz competência para retratar-se diante da apelação interposta nas causas que digam respeito a direitos de criança ou de adolescente.

O CPC-2015 manteve essas exceções e criou mais uma; em seu art. 485, § 7º, prevê um novo caso em que o juiz pode retratar-se da própria sentença: diante da apelação interposta contra sentença que extingue o processo sem resolução do mérito.

Nesse caso, uma vez interposta a apelação, o juiz pode retratar-se e modificar sua própria sentença. O juiz passou a ter uma competência absoluta que não tinha antes. Essa mudança advinda com o CPC-2015 aplica-se imediatamente, inclusive no tocante aos recursos já interpostos sob a vigência do CPC-1973.

Essa é mais uma mudança de competência absoluta, alcançando os processos em curso, tendo aplicação imediata. Ainda que o recurso tenha sido interposto anteriormente, o juiz poderá exercer a retratação, desfazendo sua sentença.

Interposta apelação contra sentença que não resolve o mérito, o juiz pode retratar-se, ainda que a sentença tenha sido proferida e o recurso interposto sob a vigência do Código revogado. Por ser atribuição de competência absoluta, aplica-se imediatamente aos casos pendentes.

O juiz poderá, enfim, retratar-se diante da apelação contra sentença que não resolve o mérito. É preciso, porém, que a apelação seja admissível, preenchendo os requisitos de admissibilidade.

Já se viu que o juízo *a quo* não tem mais competência para proceder ao juízo de admissibilidade da apelação. Essa passou a ser uma função exclusiva do tribunal. Ocorre, no entanto, que o juiz não pode retratar-se caso a apelação seja, por exemplo, intempestiva – estaria, nesse caso, revendo uma decisão transitada em julgado[22]. Diante de apelação intempestiva, o juiz deve limitar-se a não se retratar (a intempestividade da apelação pode ser o único fundamento da decisão de não retratação) e remeter a apelação ao tribunal, a quem compete decidir pelo não conhecimento do recurso, se for o caso. O juiz não tem competência para inadmitir a apelação, frise-se.

Abstraída essa hipótese, o certo é que o juiz agora pode retratar-se diante da apelação interposta contra a sentença que não resolve o mérito e assim pode fazê-lo mesmo que nos casos pendentes, de apelações já interpostas anteriormente.

3.5.5. Competências do relator

As decisões, nos tribunais, devem, em princípio, ser colegiadas. Pelas mais variadas razões, não é possível que todos os casos submetidos ao crivo do tribunal sejam analisados, pessoalmente, por todos os seus membros. Daí por que os tribunais são divididos em órgãos fracionários, devendo cada caso ser atribuído a um de seus membros, que é o relator, a quem se incumbe a tarefa de examinar os autos e a controvérsia ali deduzida.

Cabe ao relator estudar o caso, firmar seu entendimento para, então, elaborar o relatório e levar o caso a julgamento, a fim de, na correspondente sessão, expor os detalhes aos seus pares, emitindo seu voto. Ao relator compete também determinar a realização de diligências, a correção de vícios, a instrução do feito e a apreciação do requerimento de tutela provisória.

Variam as atribuições do relator, conforme se trate de recurso ou de causa de competência originária do tribunal. Para que possa cumprir a sua função, ao relator atribui-se uma série de poderes. Há poderes de toda natureza: ordenação e gestão do processo, instrutório e decisório. Esses poderes estão espalhados ao longo do Código, em diversos dispositivos. O art. 932 é o mais importante, pois nele se concentra boa parte desses poderes. Também é importante o art. 139 do CPC, que cuida dos

---

[22] Nesse sentido, o Enunciado 293 do Fórum Permanente de Processualistas Civis: "Se considerar intempestiva a apelação contra sentença que indefere a petição inicial ou julga liminarmente improcedente o pedido, não pode o juízo *a quo* retratar-se".

poderes do juiz, igualmente aplicável ao relator[23]. Contra *qualquer* decisão do relator cabe agravo interno (CPC, art. 1.021).

Incumbe ao relator dirigir e ordenar o processo no tribunal (CPC, art. 932, I), cabendo-lhe determinar a intimação do Ministério Público, quando for o caso (CPC, art. 932, VII), e delimitar os poderes processuais do *amicus curiae*, nos termos do § 2º do art. 138 do CPC.

Ao relator, para concretizar os princípios da primazia da decisão de mérito (CPC, art. 4º) e da cooperação (CPC, art. 6º), cabe determinar a intimação da parte para que corrija defeito processual sanável, que impeça o exame do mérito. No âmbito recursal, há regra expressa no parágrafo único do art. 932 do CPC.

Cabe, ainda, ao relator homologar, ou não, a autocomposição das partes, sempre que o processo estiver no tribunal (CPC, art. 932, I). Também é incumbência dele examinar o requerimento de tutela provisória (CPC, art. 932, II), assim como decidir o requerimento de concessão do benefício da gratuidade da justiça formulado no próprio recurso ou durante o procedimento em tribunal, bem como o pedido de revogação do benefício por ele mesmo concedido.

O inciso III do art. 932 do CPC permite que o relator não conheça recurso inadmissível ou prejudicado. Constatada a ocorrência de fato superveniente durante o procedimento de um recurso, aplica-se o disposto no art. 933 do CPC: o relator intimará as partes para que se manifestem no prazo de cinco dias.

Os incisos IV e V do art. 932 do CPC autorizam o relator a julgar, sozinho, os recursos. São hipóteses de decisão de mérito final proferida pelo relator, no procedimento de julgamento de recurso. Diferentemente do que fizera o CPC-1973 em seu art. 557, o CPC-2015 conferiu esse poder ao relator apenas em hipóteses específicas, todas elas relacionadas ao sistema de precedentes obrigatórios (CPC, art. 927). Não pode o relator julgar sozinho o recurso quando bem entender, ou em hipóteses atípicas como de "manifesta procedência" ou "evidente improcedência". O julgamento unipessoal de mérito, pelo relator, deve ser considerado, portanto, como hipótese excepcional, que foge à regra da colegialidade das decisões em tribunal.

O relator pode *negar* ou *dar* provimento ao recurso. Mas, para *dar* provimento, é preciso que o relator estabeleça o contraditório prévio com o

---

[23]   NERY JÚNIOR, Nelson; NERY, Rosa. *Comentários ao Código de Processo Civil.* São Paulo: RT, 2015, p. 1.850.

recorrido (CPC, art. 932, V). Embora não possa *dar* provimento ao recurso, sozinho, sem ouvir o recorrido, concebe-se a concessão de tutela provisória recursal antes da ouvida do recorrido. Quando se tratar de apelação, de recurso especial e de recurso extraordinário, o relator já recebe o caso com o contraditório prévio estabelecido, de modo que já pode dar provimento ao recurso, desde que estejam presentes os requisitos para tanto. Tratando-se, porém, de agravo de instrumento, o relator recebe o recurso sem que tenha havido ainda oportunidade de contrarrazões para o recorrido. Para dar provimento imediato ao recurso, é preciso, antes, determinar a intimação do agravado para, querendo, ofertar suas contrarrazões. Para *negar* provimento ao recurso, não há necessidade de ouvir previamente o recorrido.

Tudo isso consiste em competências outorgadas pelo CPC-2015 ao relator. Tais competências, por serem funcionais – e, portanto, absolutas –, devem ser exercidas desde logo pelos relatores, ainda que os processos que estejam sob seus cuidados sejam antigos.

Em outras palavras, o disposto nos arts. 932 e 933 do CPC-2015 aplica-se imediatamente aos processos em curso, ainda que instaurados antes do início de sua vigência. Tratando-se de ação originária ou de recurso, ainda que ajuizada ou interposto durante a vigência do Código revogado, ao relator se confere a competência para agir isoladamente, nas hipóteses previstas nos arts. 932 e 933 do CPC-2015. Sendo competência absoluta, aplica-se imediatamente aos processos pendentes, por não incidir a regra da *perpetuatio jurisdictionis.*

Nesse sentido, o Enunciado 463 do Fórum Permanente de Processualistas Civis: *"O parágrafo único do art. 932 e o art. 933 devem ser aplicados aos recursos interpostos antes da entrada em vigor do CPC/2015 e ainda pendentes de julgamento"*[24].

---

[24] O Superior Tribunal de Justiça, no seu enunciado administrativo 5, manifestou orientação contrária. Assim está redigido o referido enunciado: "Nos recursos tempestivos interpostos com fundamento no CPC/1973 (relativos a decisões publicadas até 17 de março de 2016), não caberá a abertura de prazo prevista no art. 932, parágrafo único, c/c o art. 1.029, § 3°, do novo CPC." Não está correto o conteúdo dessa orientação. Deixar de aplicar o novo Código no processamento de recursos pendentes constitui violação ao disposto nos arts. 14 e 1.046 do CPC-2015, aplicando-se disposições do CPC-1973 que estão revogadas. Isso, ademais, equivale a conferir direito adquirido a regime jurídico, contrariando um entendimento jurisprudencial consolidado há tempos no STF e no próprio STJ.

3.5.6. Eliminação da figura do revisor nos tribunais

No CPC-1973, havia casos em que, além do relator, existia também o *revisor*, a quem se conferia igualmente a atribuição de examinar os autos e a controvérsia ali deduzida. A figura do revisor estava presente *"naqueles recursos e causas considerados, em tese, mais complexos, como é o caso da apelação, dos embargos infringentes e da ação rescisória"*[25].

Não há mais previsão de revisor. O novo Código deixou de prever sua participação em processos que tramitem nos tribunais. No CPC-1973, havia previsão de revisor na apelação, nos embargos infringentes e na ação rescisória.

A eliminação da figura do revisor aplica-se imediatamente aos casos em curso, pois se trata de regra que eliminou competência absoluta. Se há recurso ou ação rescisória pendente em tribunal em que não tenha ainda havido a atuação do revisor, não será mais necessário enviar-lhe os autos para exame e aposição do seu visto.

Em vez de enviar os autos ao revisor, o relator deverá elaborar o relatório e já pedir inclusão em pauta.

Por ser regra que elimina competência absoluta, tem aplicação imediata, alcançando os casos pendentes.

---

[25] PINTO, Nelson Luiz. *Código de Processo Civil interpretado*. Antonio Carlos Marcato (coord.). São Paulo: Atlas, 2004, n. 1 ao art. 551, p. 1.646.

Capítulo 4

DIREITO INTERTEMPORAL QUANTO AOS PROCEDIMENTOS

Assista ao **vídeo 4** com considerações introdutórias referentes a este capítulo.

Instruções na primeira orelha do livro.

4.1. GENERALIDADES

Contrariamente ao CPC-1973, o CPC-2015 contém uma parte geral em que se reúnem as disposições comuns aplicáveis à generalidade dos processos.

O sistema eleito pelo CPC-1973, na classificação dos procedimentos cognitivos, foi inovador relativamente à legislação anterior. Nele havia basicamente um procedimento *comum*, que se subdividia em *ordinário* e *sumário*. Ao procedimento *comum* contrapunham-se os procedimentos *especiais*, que podiam ser de jurisdição contenciosa ou de jurisdição voluntária.

No sistema escolhido pelo CPC-2015, fez-se uma bipolarização entre procedimento *comum* e procedimentos *especiais*. O procedimento *comum* não contém mais qualquer subdivisão, de maneira que não há, no CPC-2015, um equivalente ao procedimento sumário previsto no CPC-1973. Se o caso comportar alguma peculiaridade que o remeta a algum procedimento especial, é este que haverá de ser adotado. Do contrário, segue-se o procedimento comum, aplicável, enfim, à generalidade dos casos.

Daí se percebe que o CPC-2015 inova ao estabelecer efetivamente um procedimento *comum*, com a função de procedimento-padrão, a servir de modelo aos demais procedimentos, cujas regras são-lhes aplicadas subsidiariamente.

4.2. ESTRUTURA DO PROCEDIMENTO COMUM E SUA FLEXIBILIDADE NO CPC-2015

No CPC-2015, o procedimento comum está estruturado de forma bem detalhada. Não sendo caso de indeferimento da petição inicial (art. 330) nem de julgamento liminar de improcedência (art. 332), o juiz ordenará a citação do réu para que este compareça à audiência de conciliação ou de mediação (art. 334), a ser realizada, prioritariamente, por câmara especializada em conciliação ou mediação (art. 165).

No procedimento comum, a audiência inicial não será realizada se ambas as partes manifestarem, expressamente, desinteresse na composição consensual, ou se não se admite, no processo, a autocomposição (art. 334, § 4º). É preciso que haja manifestação de ambas as partes para que não haja a audiência: o autor já deverá manifestar-se assim na petição inicial, devendo o réu dizer que não tem interesse na autocomposição por petição apresentada até dez dias antes da audiência (art. 334, § 5º).

Não obtida a autocomposição ou não realizada a audiência por um daqueles dois motivos, poderá o réu apresentar contestação, na qual deverá alegar toda a matéria de defesa e apresentar, caso queira, reconvenção (arts. 335 e 343). Daí se seguem as providências preliminares e o saneamento, com a produção de provas em audiência, sucedida da prolação de sentença.

A exemplo do que ocorria no CPC-1973, o CPC-2015 prevê o julgamento conforme o estado do processo, quando, então, pode haver a extinção do processo (art. 354) ou o julgamento antecipado do mérito (art. 355). Há, nesses casos, abreviação do rito, deixando-se de instaurar toda a fase instrutória e dispensando-se a realização de audiência de instrução e julgamento.

No CPC-2015, há também a previsão do julgamento antecipado parcial do mérito, que ocorre quando um ou mais dos pedidos ou parcela deles mostrar-se incontroverso ou estiver em condições de imediato julgamento (art. 356).

Não sendo caso de julgamento antecipado do mérito, haverá o saneamento e a organização do processo (art. 357), cabendo ao juiz, além de resolver as questões processuais pendentes e especificar as questões de fato sobre as quais recairão as provas, definir a distribuição do ônus da prova, podendo, ainda, delimitar as questões de direito relevantes para a decisão do mérito. Se a causa apresentar complexidade na matéria de fato ou de direito, o juiz irá designar audiência para, em cooperação com as partes, realizar o saneamento e a organização do processo, delimitando as questões de fato e de direito, que serão objeto de prova, discussão e julgamento (art. 357, § 3º).

Não bastasse isso, é possível haver acordos de procedimento (art. 190) e o calendário processual (art. 191), de forma que as partes podem convencionar, antes ou durante o processo, sobre seus ônus, poderes, faculdades e deveres processuais. Elas podem estipular mudanças no procedimento, visando a ajustá-lo às especificidades da causa, e, juntamente com o juiz, fixar, quando for o caso, o calendário para a prática dos atos processuais.

Observa-se que o CPC-2015 permite a flexibilização do procedimento comum.

4.3. PROCEDIMENTO SUMÁRIO PENDENTE

O CPC-2015, como já se pode perceber, revogou o procedimento sumário. Nos termos do § 1º do seu art. 1.046, as normas do CPC-1973 relativas ao procedimento sumário continuam aplicáveis aos processos, submetidos àquele rito, que estejam pendentes, ou seja, aos processos instaurados e ainda não sentenciados até antes do início de vigência do CPC-2015.

Adotou-se, no tocante aos procedimentos sumários pendentes, o sistema de unidade do processo. O § 1º do art. 1.046 do CPC-2015 prevê uma regra de ultratividade do CPC-1973.

O procedimento sumário, pendente quando da entrada em vigor do CPC-2015, deve reger-se pelas normas contidas no CPC-1973 até a sentença. As normas do CPC revogado têm sua eficácia postergada em relação aos procedimentos sumários instaurados e ainda não sentenciados até o início de vigência do novo Código.

Como já se viu, não há direito adquirido a procedimento, nem é adotado, no CPC-2015, o sistema de unidade do processo. Mas, por questão de organização judiciária e melhor gestão dos processos pendentes, e para evitar tumultos procedimentais, manteve-se o regramento anterior relativamente aos procedimentos sumários pendentes.

Para que se mantenha o regramento do Código revogado, não é necessário que já tenha havido despacho inicial ou realização de citação; basta que a demanda tenha sido proposta, com a distribuição da petição inicial até antes do início de vigência do novo Código.

A manutenção do procedimento sumário relaciona-se tanto com os casos previstos no art. 275 do CPC-1973 como com os mencionados em leis extravagantes. Na verdade, o procedimento sumário, como visto, foi suprimido pelo CPC-2015. Nos termos do parágrafo único do seu art. 1.049, *"Na hipótese de a lei remeter ao procedimento sumário, será observado o procedimento comum previsto neste Código, com as modificações previstas na própria lei especial, se houver"*.

Assim, por exemplo, a ação revisional de aluguel, prevista no art. 68 da Lei nº 8.245, de 1991, e a ação de adjudicação compulsória, prevista no art. 22 do Decreto-lei nº 58, de 1937, são reguladas pelo procedimento sumário. Com o novo Código, passarão a sujeitar-se ao procedimento comum, nele regulado. Mas as ações propostas antes do início de vigência do CPC-2015, e que se submetem ao procedimento sumário, continuam assim até a sentença.

As demandas submetidas ao procedimento sumário, seja por se encaixarem em qualquer uma das hipóteses do art. 275 do CPC-1973, seja por estarem assim previstas em lei específica, se propostas antes do início de vigência do novo Código, mantêm-se sujeitas ao procedimento sumário até a sentença.

Em suma, demandas sujeitas ao procedimento sumário do CPC-1973 já propostas e ainda não sentenciadas continuarão a ser processadas por aquele mesmo rito sumário.

O antigo Código somente se aplica quanto ao procedimento em primeira instância e até a prolação da sentença. Em outras palavras, o CPC-1973 regula os procedimentos sumários pendentes apenas na fase de conhecimento. O cumprimento da sentença é regido pelo CPC-2015. De igual modo, os recursos a serem interpostos contra as decisões proferidas nos procedimentos sumários pendentes são regidos pelo CPC-2015.

O que o § 1º do art. 1.046 do CPC-2015 fez foi "congelar" as peculiaridades do procedimento sumário perante o juízo de primeira instância, até a prolação da sentença. O que não for específico do procedimento sumário e estiver regulado no novo Código deve ser aplicado. Não há um sistema recursal específico para o procedimento sumário; não há um cumprimento de sentença específico para o procedimento sumário. Logo, não houve "congelamento" do procedimento de cumprimento de sentença, nem do procedimento recursal, ou das hipóteses em que são cabíveis os recursos.

O cumprimento de sentença, quando o procedimento for sumário, será regido pelo novo Código. De igual modo, as normas do CPC-2015 aplicam-se imediatamente em matéria recursal. Assim, proferida uma decisão interlocutória, somente caberá agravo de instrumento se a decisão estiver prevista numa das hipóteses do art. 1.015 do CPC-2015. Não é o caso de entender cabível agravo retido ou de considerar recorríveis todas as interlocutórias, tal como dispunha o Código revogado.

4.4. PROCEDIMENTOS ESPECIAIS PENDENTES

Alguns procedimentos especiais regulados pelo CPC-1973 deixaram de existir no CPC-2015. Com efeito, o novo Código não disciplina mais o procedimento das ações de prestação de contas (não há mais o procedimento especial da ação de oferecer as contas; o da de exigir as contas foi mantido), de depósito, de anulação e substituição de títulos ao portador, de nunciação de obra nova, de usucapião de terras particulares e vendas a crédito com reserva de domínio.

Cumpre advertir que a ação material[1] ao oferecimento de contas, ao depósito, à anunciação de obra nova, entre outros, não foi eliminada. O CPC-2015, ao deixar de regular um procedimento específico para cada ação material dessa, apenas suprimiu da parte um remédio jurídico processual, ou, de forma mais simples, um direito a um procedimento específico[2]. Quer isso dizer que tais ações são, a partir do CPC-2015, submetidas ao procedimento comum, não tendo mais um procedimento especial para cada uma delas[3].

Tanto isso é verdade que o § 1º do art. 47 do CPC-2015, ao tratar da competência territorial, menciona a ação de nunciação de obra nova, que continua a existir; apenas não há mais um procedimento especial para que ela seja por meio dele exercida. A ação de nunciação de obra nova, no novo Código, submete-se ao procedimento comum. De igual modo, as outras ações acima mencionadas (ação para oferecer contas, ação de depósito, de anulação e substituição de títulos ao portador, de usucapião de terras particulares e de vendas a crédito com reserva de domínio) continuam a existir, mas não estão mais sujeitas a um procedimento específico, próprio, típico; submetem-se, todas elas, ao procedimento comum do novo Código.

---

[1] A propósito, conferir, por todos, NOGUEIRA, Pedro Henrique Pedrosa. *Teoria da ação de direito material*. Salvador: JusPodivm, 2008.

[2] Não há direito adquirido a uma determinada forma de processo (ESPINOLA, Eduardo; ESPINOLA FILHO, Eduardo. *Tratado de direito civil brasileiro*, cit., n. 66, p. 245).

[3] "Deve-se atender a que o direito à ação não resulta das leis processuais, e, sim, do direito objetivo material" (ESPINOLA, Eduardo; ESPINOLA FILHO, Eduardo. *A Lei de Introdução ao Código Civil brasileiro comentada*, cit., n. 123, p. 483).

Se, porém, qualquer uma dessas ações já tiver sido proposta durante a vigência do Código revogado, submete-se ao respectivo procedimento especial ali previsto.

De acordo com o § 1º do art. 1.046 do CPC-2015, as normas do CPC-1973 relativas aos referidos procedimentos especiais continuam aplicáveis aos processos, submetidos àqueles ritos, que estejam pendentes, ou seja, aos processos instaurados e ainda não sentenciados até antes do início de vigência do CPC-2015. As normas do antigo CPC têm sua eficácia postergada em relação aos procedimentos especiais revogados, mas instaurados e ainda não sentenciados até o início de vigência do novo Código.

Mantém-se, no tocante aos procedimentos especiais revogados, a disciplina do Código revogado. Para isso, não é necessário que já tenha havido despacho inicial ou realização de citação; basta que a demanda tenha sido proposta, com a distribuição da petição inicial até antes do início de vigência do novo Código.

Enfim, demandas sujeitas a procedimento especial previsto no CPC-1973, mas revogado no CPC-2015, que tenham sido propostas e ainda não sentenciadas continuarão a ser processadas por aqueles ritos especiais do antigo Código.

O Código revogado apenas incide relativamente ao procedimento em primeira instância e até a prolação da sentença. Vale dizer que o CPC-1973 disciplina os procedimentos especiais revogados pendentes apenas na fase de conhecimento. O cumprimento da sentença e os recursos a serem interpostos são regidos pelo CPC-2015.

Da mesma forma que ocorreu com o antigo procedimento sumário, o que o § 1º do art. 1.046 do CPC-2015 fez foi "congelar" os detalhes dos revogados procedimentos especiais perante o juízo de primeira instância, até a prolação da sentença. Não houve "congelamento" do procedimento de cumprimento de sentença, nem do procedimento recursal, ou das hipóteses em que são cabíveis os recursos.

Os procedimentos especiais revogados pendentes de sentença continuam sendo regidos pelo CPC-1973. Os procedimentos especiais previstos no Código revogado e mantidos no novo Código passam a ser regulados pelas novas regras, que incidem imediatamente, respeitados os atos jurídicos perfeitos e os direitos adquiridos processuais. Aplica-se, enfim, o sistema de isolamento dos atos processuais.

De igual modo, os procedimentos especiais previstos em leis extravagantes que não foram revogados continuam a ser regulados por suas respectivas leis, com a aplicação subsidiária do novo Código.

4.5. PROCESSOS CAUTELARES PENDENTES

O CPC-1973, em seu Livro III, tratava da cautelar como um processo autônomo. Nos termos da exposição de motivos de tal Código,

> Na tradição de nosso direito processual era a função cautelar distribuída, por três espécies de processos, designados por preparatórios, preventivos e incidentes. O projeto, reconhecendo-lhe caráter autônomo, reuniu os vários procedimentos preparatórios, preventivos e incidentes sob fórmula geral, não tendo encontrado melhor vocábulo que o adjetivo cautelar para designar a função que exercem. A expressão processo cautelar tem a virtude de abranger todas as medidas preventivas, conservatórias e incidentes que o projeto ordena no Livro III, e, pelo vigor e amplitude do seu significado, traduz melhor que qualquer outra palavra a tutela legal.

O processo cautelar, no Código revogado, podia ser antecedente ou incidental, a depender de ser instaurado antes ou depois do processo principal. A autonomia procedimental era uma marca do processo cautelar no antigo Código, com autuação em apartado. Consolidou-se a figura do *poder geral de cautela*, além da previsão de diversos procedimentos cautelares típicos, nominados ou específicos. Daí se estabeleceu a distinção entre cautelar inominada e a cautelar nominada. As cautelares nominadas estavam destacadas e disciplinadas com requisitos próprios. Quando o caso submetido à análise judicial não encontrava enquadramento em qualquer hipótese de cautelar nominada ou específica, havia de se encartar no caso geral da cautelar inominada, cujos requisitos de mérito consistem no *fumus boni juris* e no *periculum in mora*.

Efetivamente, o Livro III do CPC-1973, relativo ao processo cautelar, dividia-se em dois capítulos. O primeiro continha disposições gerais sobre cautelares inominadas e o procedimento que deveria ser observado assim em relação a estas como aos procedimentos cautelares específicos, regulados no segundo capítulo. Os procedimentos cautelares específicos eram o *arresto*, o *sequestro*, a *caução*, a *busca e apreensão*, a *produção antecipada de provas*, os *alimentos provisionais*, o *arrolamento de bens*, o *atentado*, a *posse em nome do nascituro*, *protestos*, *notificações* e *interpelações*, *justificação*, *nunciação de obra nova* e outras medidas, como *obras e conservação em coisa litigiosa, entrega de objeto e bens de uso pessoal da mulher e dos filhos,* a *posse provisória,* a *guarda e a educação dos filhos,* o *depósito de menor* e o *afastamento temporário* de um dos cônjuges da morada do casal.

O arresto e o sequestro, para serem concedidos, dependiam do preenchimento de requisitos previstos expressamente de forma detalhada, numa enumeração rígida e casuística. Ademais, para a concessão do arresto, exigia-se a prova literal da dívida e a prova literal ou a justificação de algum dos casos enumerados rigidamente. O arresto destinava-se a garantir futura execução por quantia certa. O sequestro tinha lugar em hipóteses específicas, constantes de um rol exaustivo e casuístico, servindo para garantir futura execução de coisa determinada, que se encontrava em litígio entre as partes. As demais cautelares específicas tinham seus requisitos próprios, expressamente indicados nas respectivas disposições normativas.

Como já acentuado, as cautelares podiam, de acordo com o Código revogado, ser antecedentes ou incidentais. Eram antecedentes quando ajuizadas antes do processo dito principal. E, se este estivesse em curso, a cautelar só então proposta seria incidental. Intentada a cautelar antecedente e uma vez deferida a providência postulada, o autor deveria propor a demanda principal dentro de 30 (trinta) dias, a contar da efetivação da medida. Se a demanda principal não fosse intentada naquele prazo, a cautelar perderia sua eficácia.

As medidas cautelares conservavam sua eficácia nesse prazo de trinta dias e na pendência do processo principal, podendo ser revogadas ou modificadas se alteradas as circunstâncias que ensejaram sua concessão.

Era possível que o juiz concedesse a providência cautelar antecipadamente no próprio processo cautelar ou até mesmo antes da citação do réu. Nos termos do art. 804 do CPC-1973, *"é lícito ao juiz conceder liminarmente ou após justificação prévia a medida cautelar, sem ouvir o réu, quando verificar que este, sendo citado, poderá torná-la ineficaz; caso em que poderá determinar que o requerente preste caução real ou fidejussória de ressarcir os danos que o requerido possa vir a sofrer".*

Se a medida cautelar perdesse sua eficácia, o autor respondia objetivamente pelos prejuízos suportados pelo réu com sua efetivação. A medida cautelar podia ser substituída, de ofício ou a requerimento de qualquer das partes, pela prestação de caução ou outra garantia menos gravosa para o requerido, sempre que adequada e suficiente para evitar lesão ou repará-la integralmente.

A medida cautelar tinha sua eficácia cessada se a parte, como já se disse, não intentasse a ação principal no prazo de trinta dias, contado da sua efetivação. Também cessava a eficácia da medida cautelar se não fosse executada dentro de trinta dias ou se o juiz declarasse extinto o processo principal.

O CPC-1973 adotou a ideia de que o processo cautelar servia para proteção do resultado a ser obtido em outro processo. Na verdade, consagrou-se a ideia de Francesco Carnelutti de que haveria uma "lide única", destinando-se a cautelar a servir de apoio ou de resguardo a outro processo. Na terminologia adotada, as partes na demanda cautelar não seriam propriamente partes, tanto que não se utilizavam os termos *autor* e *réu*, mas *requerente* e *requerido*. Ademais, o inciso III do art. 801 do CPC-1973 aludia à "lide e seu fundamento", fazendo a opção clara da chamada "lide única", não tendo a cautelar como "outra lide".

Como se vê, a cautelar era, no Código revogado, um processo autônomo. Instaurava-se por petição inicial, contendo objeto próprio; o requerido era citado, havendo todo um procedimento próprio, que culminava na prolação de uma sentença.

A regra do art. 1.046, § 1º, do CPC-2015 aplica-se também aos processos cautelares já iniciados previamente e ainda pendentes de sentença. O procedimento específico para cautelares equivale a um procedimento especial. Se os procedimentos especiais revogados que estavam pendentes devem seguir com a disciplina prevista no Código revogado, os procedimentos cautelares também.

O CPC-2015 aboliu a necessidade de um processo cautelar autônomo para a obtenção da tutela de segurança, de garantia ou de conservação. Os processos cautelares pendentes formaram, antes do início de vigência do novo Código, uma relação processual própria; o processo deve caminhar até a sentença, a fim de ser extinto.

Na verdade, é preciso verificar como se encontrava o processo cautelar quando do início de vigência do CPC-2015. Se a cautelar for antecedente e o juiz já concedera a medida liminar, tendo já iniciado o prazo para a propositura da ação principal (CPC-1973, art. 806), o superveniente início de vigência do CPC-2015 não pode atingir o processo em curso: a parte há de propor sua demanda principal. Aliás, é esse o entendimento manifestado no Enunciado 449 do Fórum Permanente de Processualistas Civis: *"O art. 806 do CPC de 1973 aplica-se às cautelares propostas antes da entrada em vigor do CPC de 2015"*.

Se, porém, antes de ter início a vigência do novo Código, o prazo a que se refere o art. 806 do CPC-1973 ainda não tiver tido início, poderá ser utilizada a regra do art. 308 do CPC-2015, cabendo ao requerente da demanda cautelar, em vez de propor uma demanda principal, simplesmente formular um aditamento à petição inicial para inserir o pedido satisfativo, que seria veiculado naquela demanda principal exigida no Código revogado.

4.6. SANAÇÃO DE VÍCIOS (APLICAÇÃO IMEDIATA DAS REGRAS QUE CONCRETIZAM O PRINCÍPIO DA PRIMAZIA DO JULGAMENTO DE MÉRITO)

O processo civil deve ser estudado, ordenado, aplicado, disciplinado e interpretado a partir das normas contidas na Constituição Federal. Isso está, aliás, afirmado no art. 1º do novo Código. O dispositivo encerra uma obviedade. Não somente as normas processuais, mas qualquer outra há de ser construída e interpretada de acordo com a Constituição da República. São várias as normas da Constituição Federal que contemplam preceitos de ordem processual. As normas fundamentais constitucionais aplicam-se ao processo. O art. 1º do CPC-2015 refere-se a "normas" estabelecidas na Constituição. A expressão é adequada, abrangendo tanto regras como princípios constitucionais. *Norma* é gênero do qual são espécies as *regras* e os *princípios*. A Constituição contém tanto regras como princípios.

Entre as normas fundamentais do processo, destaca-se o *princípio da primazia do julgamento do mérito*. O art. 4º do CPC-2015 estabelece que as partes têm direito de obter em prazo razoável *"a solução integral do mérito"*. Além do princípio da duração razoável, pode-se construir do texto normativo também o princípio da primazia do julgamento do mérito, valendo dizer que as regras processuais que regem o processo civil brasileiro devem balizar-se pela preferência, pela precedência, pela prioridade, pelo primado da análise ou do julgamento do mérito.

O juiz deve, sempre que possível, superar os vícios, estimulando, viabilizando e permitindo sua correção ou sanação, a fim de que possa efetivamente examinar o mérito e resolver o conflito posto pelas partes. O princípio da primazia do exame do mérito abrange a instrumentalidade das formas, estimulando a correção ou sanação de vícios, bem como o aproveitamento dos atos processuais, com a colaboração mútua das partes e do juiz para que se viabilize a apreciação do mérito[4].

---

[4] Nesse sentido, o Enunciado 278 do Fórum Permanente de Processualistas Civis: "O CPC adota como princípio a sanabilidade dos atos processuais defeituosos".

A decisão de mérito a ser proferida no processo deve ser fruto de uma comunidade de trabalho entre o juiz e as partes, justamente porque, nos termos do art. 6º do CPC-2015, *"todos os sujeitos do processo devem cooperar entre si para que se obtenha, em tempo razoável, decisão de mérito justa e efetiva"*. O processo deve ser cooperativo ou comparticipativo. Várias regras processuais são condições de aplicação do princípio da cooperação, entre as quais as que exigem o atendimento de deveres pelas partes e, igualmente, pelo juiz. Um dos deveres que se atribui ao juiz é o de *prevenção*, consistente no convite ao aperfeiçoamento pelas partes de suas petições ou alegações. O juiz deve prevenir as partes de eventuais vícios, defeitos, incorreções para que sejam sanados, a fim de possibilitar o exame do mérito e a solução da disputa posta ao seu crivo.

Há várias disposições espalhadas pelo CPC-2015 que consistem em condições de aplicação do princípio da precedência do julgamento do mérito. O juiz deve aplicá-las, a fim de viabilizar, tanto quanto possível, o exame do mérito, concretizando o dever de prevenção, decorrente do princípio da cooperação.

Com efeito, incumbe ao juiz, de acordo com o art. 139, IX, *"determinar o suprimento de pressupostos processuais e o saneamento de outros vícios processuais"*. Segundo disposto no § 2º do art. 282, *"quando puder decidir o mérito a favor da parte a quem aproveite a decretação da nulidade, o juiz não a pronunciará nem mandará repetir o ato ou suprir-lhe a falta"*. Nos termos do art. 317, *"Antes de proferir decisão sem resolução de mérito, o juiz deverá conceder à parte oportunidade para, se possível, corrigir o vício"*. Nesse mesmo sentido, o § 2º do art. 319 dispõe que *"A petição inicial não será indeferida se, a despeito da falta de informações a que se refere o inciso II, for possível a citação do réu"*. Também nesse mesmo sentido, o art. 321 determina seja ordenada a intimação do autor para emendar a petição inicial, corrigindo-lhe os defeitos e evitando, assim, o seu indeferimento.

Já o art. 352 assim dispõe: *"verificando a existência de irregularidades ou vícios sanáveis, o juiz determinará sua correção em prazo nunca superior a trinta dias"*. O juiz deve, nos termos do § 1º do art. 485, determinar a intimação da parte para praticar os atos ou diligências que lhe cabe, evitando, assim, a extinção do processo sem resolução do mérito. Extinto o processo sem resolução do mérito, a apelação interposta pelo autor confere ao juiz o poder de retratar-se em cinco dias (art. 485, § 7º), com vistas ao exame do mérito. De acordo com o art. 488, *"Desde que possível, o juiz resolverá o mérito sempre que a decisão for favorável à parte a quem aproveitaria o pronunciamento nos termos do art. 485"*.

No tribunal, o relator, antes de considerar inadmissível o recurso, concederá prazo de cinco dias ao recorrente para que seja sanado o vício ou complementada a documentação exigível (art. 932, par. ún.). Também no tribunal, sendo constatada a ocorrência de vício sanável, inclusive o que possa ser conhecido do ofício, o relator determinará, nos termos do § 1º do art. 938, a realização ou a renovação do ato processual, no próprio tribunal ou em primeiro grau; cumprida a diligência, prossegue-se, sempre que possível, no julgamento do recurso. Postulada a rescisão de decisão substituída por decisão posterior, o autor será intimado para emendar a petição inicial, a fim de adequar o objeto da ação rescisória, daí se seguindo decisão de reconhecimento da incompetência do tribunal, com remessa dos autos ao tribunal competente para julgá-la (art. 968, § 5º, II). Tanto a insuficiência como a ausência do preparo não implicam deserção imediata, devendo a parte ser intimada para suprir ou efetuar seu recolhimento (art. 1.007, §§ 2º e 4º). Mesmo sendo caso de nulidade da sentença, o tribunal deve, se a causa estiver em condições de imediato julgamento, decidir desde logo o mérito (art. 1.013, § 3º, II e IV).

O STF e o STJ poderão desconsiderar vício formal de recurso tempestivo ou determinar sua correção, desde que não o repute grave (art. 1.029, § 3º). Se o recurso especial versar sobre questão constitucional, o STJ, em vez de inadmiti-lo, deverá intimar o recorrente para que demonstre a existência de repercussão geral e se manifeste sobre a questão constitucional, remetendo-o, em seguida, ao STF (art. 1.032). Por sua vez, se o STF considerar como reflexa a ofensa à Constituição afirmada no recurso extraordinário, haverá de remetê-lo ao STJ para que o julgue como recurso especial (art. 1.033).

Nas hipóteses previstas no inciso II do art. 102 da CF, reproduzidas no inciso I do art. 1.027 do CPC, cabe recurso ordinário para o STF. Ao STJ cabe julgar o recurso ordinário nas hipóteses previstas no inciso II do art. 105 da CF, reproduzidas no inciso II do art. 1.027 do CPC.

Em muitos casos, o recurso ordinário versa sobre matéria constitucional. Ainda assim, é cabível o recurso ordinário, e não o extraordinário. Não é raro haver a interposição de recurso extraordinário no lugar do ordinário. O recurso cabível, nessas hipóteses todas, será o ordinário, e não o extraordinário. O enunciado 272 da súmula do STF está, a propósito, assim redigido: *"Não se admite como recurso ordinário recurso extraordinário de decisão denegatória de mandado de segurança".*

CAPÍTULO 4 • DIREITO INTERTEMPORAL QUANTO AOS PROCEDIMENTOS | 65

O STF já vinha atenuando o rigor desse enunciado sumular, admitindo a conversão do recurso extraordinário em ordinário, desde que o ordinário fosse de sua competência[5]. Se, todavia, cabível recurso ordinário para o STJ, mas interposto recurso extraordinário para o STF, este não seria admitido, não se aplicando, nem mesmo, o princípio da fungibilidade[6].

Em razão do princípio da primazia do exame do mérito, construído a partir do disposto no art. 4º do CPC, não há mais razão para que subsista o enunciado 272 da súmula do STF, nem se deve ter como inadmissível o recurso extraordinário interposto no lugar do ordinário que deveria ser destinado ao STJ. Se o caso for de recurso ordinário, mas a parte tenha interposto o extraordinário, cabe ao STF convertê-lo para ordinário e julgá-lo, se a competência for sua. Sendo do STJ a competência para o julgamento do ordinário, caberá ao STF remeter o recurso extraordinário ao STJ para que o julgue como ordinário.

Já se viu que o art. 1.032 do CPC estabelece que, tendo sido interposto recurso especial em relação à questão constitucional, o STJ, em vez de inadmiti-lo, deverá intimar o recorrente para que o adapte ao recurso extraordinário, remetendo-o, em seguida, ao STF. Por sua vez, nos termos do art. 1.033 do CPC, se o STF considerar como reflexa a ofensa à Constituição afirmada no recurso extraordinário, haverá de remeter ao STJ para que o julgue como recurso especial. Esses são exemplos de regras que concretizam o princípio da primazia do julgamento do mérito.

Aproveitar o recurso extraordinário que tenha sido interposto e julgá-lo como ordinário vai ao encontro do princípio da prevalência do julgamento do mérito, concretizando-o.

Por isso, não deve mais ser inadmitido o recurso extraordinário interposto no lugar do ordinário; deve ser julgado como ordinário, resolvendo o mérito.

---

[5] STF, 2ª Turma, RMS 21.458/DF, rel. Min. Carlos Velloso, j. 5.10.1993, *DJ* 15.4.1994, p. 8.047; STF, 2ª Turma, RMS 21.328/DF, rel. Min. Carlos Velloso, j. 11.12.2001, *DJ* 3.5.2002, p. 22.

[6] STF, 1ª Turma, AI 145.553 AgR/PI, rel. Min. Ilmar Galvão, j. 9.2.1993, *DJ* 26.2.1993, p. 2.359. *No mesmo sentido*: STF, 2ª Turma, AI 143.711 AgR/PR, rel. Min. Carlos Velloso, j. 23.11.1993, *DJ* 20.5.1994, p. 12.249. *Também no mesmo sentido*: STF, 2ª Turma, AI 173.236 AgR/GO, rel. Min. Maurício Corrêa, j. 14.11.1995, *DJ* 9.2.1996, p. 2.087. *Ainda no mesmo sentido*: STF, 1ª Turma, RE 423.817 AgR/DF, rel. Min. Sepúlveda Pertence, j. 16.8.2005, *DJ* 2.9.2005, p. 23.

Ainda sobre o recurso ordinário, vale lembrar que, nas causas previstas no art. 109, II, da Constituição Federal, ele é cabível da sentença proferida pelo juízo federal a ser encaminhado ao STJ, que deverá julgá-lo. O recurso não é de apelação para o respectivo TRF, mas de recurso ordinário para o STJ. O STJ tem, tradicionalmente, entendido que há "erro grosseiro" na interposição da apelação para o TRF, negando a aplicação do princípio da fungibilidade[7]. Tal entendimento deve ser *revisto* em virtude do princípio da primazia do exame do mérito, construído a partir do disposto no art. 4º do CPC. Se a parte interpôs apelação para o TRF, mas o caso era de recurso ordinário para o STJ, caberá ao TRF remeter os autos ao STJ, que deverá julgar a apelação como recurso ordinário. Se o recurso extraordinário pode ser convertido em especial (CPC, art. 1.033), não há razão para a apelação não ser convertida em recurso ordinário; os prazos são iguais, o efeito devolutivo sujeita-se à mesma disciplina normativa. Não há, enfim, diferenças substanciais, nem prejuízo que impeça a conversão de um recurso no outro.

O importante é o que mérito seja apreciado. É o que se extrai do art. 4º do CPC, de cujo texto constrói-se o chamado princípio da primazia, da prevalência, da preferência do julgamento de mérito. Os vícios devem ser eliminados, afastados, suplantados para que se examine o mérito e se resolva o conflito havido entre as partes.

Tal princípio e todas as regras que o concretizam devem ser aplicados imediatamente aos processos em curso. Se o ato processual, praticado sob a vigência do Código revogado, não preencheu algum requisito, há de ser corrigido, sanado, consertado, com base nas normas contidas no novo Código.

Haroldo Valladão, citando Lassalle, afirma que *"inexiste atentado a direito adquirido quando a lei nova diminuiu ou suprimiu formalidades para a expressão da vontade individual, pois deixa, ao contrário, 'subsistir todos os efeitos da vontade individual', mantendo-a, afastando restrições ao seu reconhecimento; não há 'retroatividade nem violação da liberdade individual' mas a convalescência atende 'ao conceito de livre vontade do indivíduo que reclama o absoluto desenvolvimento do ser', desde que a lei proibitiva não mais a ele se opõe"*[8].

---

[7] STJ, 4ª Turma, AgRg no RO 95/RS, rel. Min. Maria Isabel Gallotti, j. 21.8.2012, *DJe* 3.10.2012; STJ, 4ª Turma, AgRg no RO 59/RJ, rel. Min. Maria Isabel Gallotti, j. 21.8.2012, *DJe* 8.10.2012; STJ, 4ª Turma, AgRg no RO 130/RR, rel. Min. Maria Isabel Gallotti, j. 16.10.2014, *DJe* 28.10.2014.

[8] Ob. cit., n. 10, p. 57.

No mesmo sentido, Pontes de Miranda afirma que *"a lei nova tem plena liberdade para dizer o que é que, a partir da sua entrada em vigor, se tem por ato jurídico, e, se ela assenta que atos anteriores valem, embora antes lhes negasse valor a lei antiga, nenhum efeito retroativo se produziu"*[9].

Já Guilherme Rizzo Amaral discorda dessa opinião, sustentando não ser possível aplicar a lei nova para convalidar ato consumado sem algum dos requisitos exigidos pela lei vigente à época da sua prática[10].

Tal discussão rigorosamente não se aplica aqui. É que os dispositivos invocados não criaram novos requisitos nem eliminaram exigências para a prática de atos processuais. O que eles estabelecem é a oportunidade para correção de vícios, evitando a decretação de nulidade, a inadmissibilidade ou a extinção do processo sem resolução do mérito.

As regras que permitem a correção de vícios hão de ser aplicadas imediatamente, pois não atingem ato jurídico perfeito nem direito adquirido. Aliás, a correção do ato evita, muitas vezes, a extinção do processo, que, ao ser reinstaurado, já estará submetido às novas regras da lei superveniente. O juiz, ao decidir, já aplica a nova lei, permitindo que sejam corrigidos os vícios verificados em atos anteriormente praticados.

É exatamente por isso que o Enunciado 574 do Fórum Permanente de Processualistas Civis assim orienta: *"A identificação de vício processual após a entrada em vigor do CPC de 2015 gera para o juiz o dever de oportunizar a regularização do vício, ainda que ele seja anterior"*. De igual modo, assim orienta o Enunciado 424 do Fórum Permanente de Processualistas Civis: *"Os parágrafos do art. 319 devem ser aplicados imediatamente, inclusive para as petições iniciais apresentadas na vigência do CPC-1973"*.

4.7. PROIBIÇÃO DE DECISÃO-SURPRESA EM QUALQUER JUÍZO OU TRIBUNAL

O art. 10 do CPC-2015 assim dispõe: *"O juiz não pode decidir, em grau algum de jurisdição, com base em fundamento a respeito do qual não se tenha dado às partes oportunidade de se manifestar, ainda que se trate de matéria sobre a qual deva decidir de ofício"*.

A regra prevê o dever de consulta do direito e o direito de influência das partes, evitando decisão-surpresa e garantindo a participação, o

---

[9] *Comentários ao Código de Processo Civil*. Rio de Janeiro: Forense, 1978, t. XVII, n. 6, *g*, p. 31.

[10] *Estudos de direito intertemporal e processo*. Porto Alegre: Livraria do Advogado, 2007, n. 2.2, p. 19-20.

debate, a oportunidade de manifestação e de contribuição das partes com convencimento do juiz. A proibição de decisão-surpresa é corolário do contraditório e da cooperação, consistindo numa das mais importantes normas fundamentais do processo previstas no CPC-2015.

Em virtude da vedação à decisão-surpresa, se o juiz tem o dever de consultar as partes e estas o direito de influenciar seu convencimento, a decisão deve examinar os fundamentos apresentados (CPC, art. 489, § 1º, IV). De nada vale consultar as partes se suas alegações não forem examinadas.

Ainda que o processo tenha sido instaurado sob a vigência do Código revogado, o juiz não pode decidir sem respeitar as normas contidas no art. 489 do CPC-2015 e, igualmente, o dever de consulta previsto no seu art. 10.

Significa que tais normas aplicam-se imediatamente aos processos em curso, devendo as decisões a serem proferidas observá-las.

No âmbito dos tribunais, a norma é igualmente prevista no art. 933 do CPC-2015, que assim dispõe:

> Art. 933. Se o relator constatar a ocorrência de fato superveniente à decisão recorrida ou a existência de questão apreciável de ofício ainda não examinada que devam ser considerados no julgamento do recurso, intimará as partes para que se manifestem no prazo de 5 (cinco) dias.
>
> § 1º Se a constatação ocorrer durante a sessão de julgamento, esse será imediatamente suspenso a fim de que as partes se manifestem especificamente.
>
> § 2º Se a constatação se der em vista dos autos, deverá o juiz que a solicitou encaminhá-los ao relator, que tomará as providências previstas no *caput* e, em seguida, solicitará a inclusão do feito em pauta para prosseguimento do julgamento, com submissão integral da nova questão aos julgadores.

É de se observar que o texto se refere tanto a fatos supervenientes (CPC, arts. 342 e 493) quanto a questões que podem ser apreciadas de ofício pelo tribunal, uns e outras questões ainda não submetidas ao contraditório, mas que devem ser levadas em consideração pelo tribunal. O tribunal, para poder decidir com base em qualquer delas, tem de dar às partes a oportunidade de manifestar-se a seu respeito.

E tais regras, seja no âmbito da primeira instância, seja no âmbito do tribunal, devem ser aplicadas imediatamente, ainda que o processo, o recurso ou o incidente tenha sido instaurado anteriormente e esteja pendente quando do início de vigência do novo Código.

4.8. REGRAS SOBRE PUBLICAÇÃO DE ACÓRDÃO E SOBRE INCLUSÃO EM PAUTA NOS TRIBUNAIS

Lavrado o acórdão, sua ementa será publicada no órgão oficial dentro de 10 (dez) dias (CPC, art. 943, 2º). Dessa publicação conta-se o prazo para a interposição de quaisquer recursos (CPC, art. 1.003). Vale dizer que a publicação da ementa constitui a intimação do acórdão, iniciando-se, a partir de então, o prazo para a interposição de recursos eventualmente cabíveis. De fato, *"só se considerarão efetivamente intimadas as partes e seus advogados quando da publicação do acórdão, e não meramente do resultado do julgamento, no órgão oficial"*[11].

O art. 944 do CPC-2015 traz regras novas sobre o tema, que buscam concretizar o princípio da duração razoável do processo: (a) não publicado o acórdão no prazo de 30 (trinta) dias, contado da data da sessão de julgamento, as notas taquigráficas o substituirão, para todos os fins legais, independentemente de revisão (CPC, art. 944, *caput*)[12]; (b) no caso de não publicação do acórdão no prazo de 30 (trinta) dias, o presidente do tribunal lavrará, de imediato, as conclusões e a ementa e mandará publicar o acórdão (CPC, art. 944, par. ún.).

Os votos, os acórdãos e os demais atos processuais podem ser registrados em documento eletrônico inviolável e assinados eletronicamente, na forma da lei, devendo ser impressos para juntada aos autos do processo quando este não for eletrônico (CPC, art. 943, *caput*).

Nos julgamentos já ocorridos não há incidência dessas regras. Elas, porém, são aplicáveis aos julgamentos realizados a partir do início de vigência do novo Código. Com efeito, pelo sistema do isolamento dos atos processuais (adotado nos arts. 14 e 1.046 do CPC-2015), o ato a ser praticado é regido pela nova lei. Ainda que o recurso, o incidente ou o processo originário tenha se iniciado sob a vigência do Código revogado, o julgamento, que se realize durante a vigência do novo Código, há de observar as citadas regras.

---

[11] PINTO, Nelson Luiz. *Código de Processo Civil interpretado*. Antonio Carlos Marcato (coord.). São Paulo: Atlas, 2004, n. 1 ao art. 564, p. 1.668.

[12] A regra segue o que já existe no art. 17 da Lei nº 12.016/2009 – Lei do Mandado de Segurança: "Art. 17. Nas decisões proferidas em mandado de segurança e nos respectivos recursos, quando não publicado, no prazo de 30 (trinta) dias, contado da data do julgamento, o acórdão será substituído pelas respectivas notas taquigráficas, independentemente de revisão".

Por esse mesmo motivo, há de aplicar o novo Código, no tocante às regras de sustentação oral, aos julgamentos realizados durante sua vigência, ainda que o recurso, o incidente ou o processo seja anterior.

Se o julgamento iniciou-se na vigência do CPC-1973, mas foi interrompido, vindo a ser concluído já na vigência do novo Código, as regras desse último também se aplicam em relação à publicação do acórdão. Não poderão ser aplicadas para a inclusão em pauta e para sustentação oral, pois esses atos já terão sido praticados e consumados, mas os próximos atos devem sujeitar-se às novas regras.

O § 3º do art. 937 do CPC-2015 dispõe que, nos processos de competência originária previstos no inciso VI desse mesmo artigo (ação rescisória, mandado de segurança e reclamação), caberá sustentação oral no agravo interno interposto contra decisão de relator que o extinga. Nos termos do art. 937 do CPC-2015, a sustentação oral é admitida na apelação, no recurso ordinário, no recurso especial, no recurso extraordinário, nos embargos de divergência, na ação rescisória, no mandado de segurança, na reclamação, no agravo de instrumento interposto contra decisões interlocutórias que versem sobre tutela provisória de urgência ou de evidência, bem como em outras hipóteses previstas em lei ou no regimento interno do tribunal.

Embora o dispositivo não mencione, é admissível a sustentação oral em remessa necessária. Veja-se que o art. 936 do CPC-2015, ao tratar da ordem de julgamento, menciona a remessa necessária, a ser julgada prioritariamente, ressalvadas as preferências legais e regimentais, quando houver sustentação oral, observada a ordem dos requerimentos. O dispositivo refere-se à remessa necessária, sem qualquer ressalva.

Não se admite sustentação oral em embargos de declaração, em agravo interno (ressalvada a hipótese do § 3º do art. 937 do CPC) e em agravo de instrumento (ressalvados os casos dos incisos I e II do art. 1.015, CPC: art. 937, VIII, e art. 942, § 3º, II, CPC).

O art. 937, VIII, do CPC prevê sustentação oral no agravo de instrumento interposto contra decisão interlocutória que versa sobre tutela provisória, mas não dispõe expressamente a sustentação oral em agravo de instrumento interposto contra decisão que trate do mérito. Embora não haja previsão expressa da sustentação oral em agravo de instrumento interposto contra decisão de mérito, parece claro que ela sempre é possível em casos em que se examina o mérito. Em muitos deles, a decisão será passível de apelação ou de agravo, a depender de uma previsão legal específica. Enfim, há situações em que é apenas circunstancial a decisão

CAPÍTULO 4 • DIREITO INTERTEMPORAL QUANTO AOS PROCEDIMENTOS | **71**

de mérito ser atacada por agravo de instrumento ou por apelação. Seria anti-isonômico admitir, nesses casos, a sustentação oral na apelação, mas não a aceitar no agravo de instrumento.

Veja-se, por exemplo, a decisão que decreta a falência. Esta é decretada por uma sentença. Apesar de se tratar de uma sentença, o recurso cabível, por expressa disposição legal, é o agravo de instrumento (Lei nº 11.101/2005, art. 100). Da sentença que indefere o pedido de falência cabe, diversamente, apelação. Não é razoável permitir que haja sustentação oral no caso do indeferimento da falência, mas não a admitir no caso de decretação da falência. Desatende à isonomia essa distinção, que não é razoável. O disposto no art. 937, VIII, do CPC merece interpretação extensiva para permitir a sustentação oral no agravo de instrumento interposto contra a decisão que decreta a falência[13].

De igual modo, deve-se admitir a sustentação oral em agravo de instrumento interposto contra decisão parcial de mérito. Não há diferença no regime jurídico, nesse ponto, entre a apelação e o agravo de instrumento. Julgado integralmente o pedido ao final, caberá apelação e, em seu julgamento, sustentação oral. Se, todavia, o julgamento do mérito for "fatiado", cabe agravo de instrumento, não se admitindo a sustentação oral. Não há razoabilidade na distinção. Na verdade, o regime jurídico da apelação aplica-se aos agravos contra decisão parcial de mérito. Não é sem razão, aliás, que se aplica ao agravo de instrumento a regra da ampliação da composição do colegiado prevista no art. 942 do CPC, quando houver reforma da decisão que julgar parcialmente o mérito.

Todas essas regras, como já acentuado, aplicam-se imediatamente aos casos pendentes, devendo incidir no momento do julgamento, ainda que o recurso tenha sido interposto sob a vigência do Código revogado[14].

---

[13] Nesse sentido: SALOMÃO, Luís Felipe; SANTOS, Paulo Penalva. *Recuperação judicial, extrajudicial e falência*: teoria e prática. 2ª ed. Rio de Janeiro: Forense, 2015, n. 5.1, p. 338.

[14] Nesse sentido, o Enunciado 596 do Fórum Permanente de Processualistas Civis: "Será assegurado às partes o direito de sustentar oralmente no julgamento de agravo de instrumento que verse sobre tutela provisória e que esteja pendente de julgamento por ocasião da entrada em vigor do CPC de 2015, ainda que o recurso tenha sido interposto na vigência do CPC de 1973".

CPC-2015	CPC-1973
Art. 936. Ressalvadas as preferências legais e regimentais, os recursos, a remessa necessária e os processos de competência originária serão julgados na seguinte ordem:	Sem correspondente no CPC-1973.
I – aqueles nos quais houver sustentação oral, observada a ordem dos requerimentos; II – os requerimentos de preferência apresentados até o início da sessão de julgamento;	**Art. 565.** Desejando proferir sustentação oral, poderão os advogados requerer que na sessão imediata seja o feito julgado em primeiro lugar, sem prejuízo das preferências legais. Parágrafo único. Se tiverem subscrito o requerimento os advogados de todos os interessados, a preferência será concedida para a própria sessão.
III – aqueles cujo julgamento tenha iniciado em sessão anterior; e	**Art. 562.** Preferirá aos demais o recurso cujo julgamento tenha sido iniciado.
IV – os demais casos.	Sem correspondente no CPC-1973.

CPC-2015	CPC-1973
Art. 937. Na sessão de julgamento, depois da exposição da causa pelo relator, o presidente dará a palavra, sucessivamente, ao recorrente, ao recorrido e, nos casos de sua intervenção, ao membro do Ministério Público, pelo prazo improrrogável de 15 (quinze) minutos para cada um, a fim de sustentarem suas razões, nas seguintes hipóteses, nos termos da parte final do *caput* do art. 1.021:	**Art. 554.** Na sessão de julgamento, depois de feita a exposição da causa pelo relator, o presidente, se o recurso não for de embargos declaratórios ou de agravo de instrumento, dará a palavra, sucessivamente, ao recorrente e ao recorrido, pelo prazo improrrogável de 15 (quinze) minutos para cada um, a fim de sustentarem as razões do recurso.
I – no recurso de apelação;	Sem correspondente no CPC-1973.
II – no recurso ordinário;	Sem correspondente no CPC-1973.
III – no recurso especial;	Sem correspondente no CPC-1973.
IV – no recurso extraordinário;	Sem correspondente no CPC-1973.
V – nos embargos de divergência;	Sem correspondente no CPC-1973.
VI – na ação rescisória, no mandado de segurança e na reclamação;	Sem correspondente no CPC 1973.

CAPÍTULO 4 • DIREITO INTERTEMPORAL QUANTO AOS PROCEDIMENTOS | 73

CPC-2015	CPC-1973
VETADO VII – no agravo interno originário de recurso de apelação, de recurso ordinário, de recurso especial ou de recurso extraordinário;	
VIII – no agravo de instrumento interposto contra decisões interlocutórias que versem sobre tutelas provisórias de urgência ou da evidência;	Sem correspondente no CPC-1973.
IX – em outras hipóteses previstas em lei ou no regimento interno do tribunal.	Sem correspondente no CPC-1973.
§ 1º A sustentação oral no incidente de resolução de demandas repetitivas observará o disposto no art. 984, no que couber.	Sem correspondente no CPC-1973.
§ 2º O procurador que desejar **proferir sustentação oral** poderá **requerer**, até o início da **sessão**, que o processo **seja** julgado em primeiro lugar, sem prejuízo das **preferências legais**.	**Art. 565.** <u>Desejando</u> proferir sustentação oral, <u>poderão os advogados</u> requerer <u>que na</u> sessão <u>imediata</u> seja <u>o feito</u> julgado em primeiro lugar, sem prejuízo das preferências legais.
§ 3º Nos processos de competência originária previstos no inciso VI, caberá sustentação oral no agravo interno interposto contra decisão de relator que o extinga.	Sem correspondente no CPC-1973.
§ 4º É permitido ao advogado com domicílio profissional em cidade diversa daquela onde está sediado o tribunal realizar sustentação oral por meio de videoconferência ou outro recurso tecnológico de transmissão de sons e imagens em tempo real, desde que o requeira até o dia anterior ao da sessão.	Sem correspondente no CPC-1973.

CPC-2015	CPC-1973
Art. 943. Os votos, os acórdãos e os demais atos processuais podem ser registrados em documento eletrônico inviolável e assinados eletronicamente, na forma da lei, devendo ser impressos para juntada aos autos do processo quando este não for eletrônico.	**Art. 556, Parágrafo único.** Os votos, acórdãos e demais atos processuais podem ser registrados em <u>arquivo</u> eletrônico inviolável e assinados eletronicamente, na forma da lei, devendo ser impressos para juntada aos autos do processo quando este não for eletrônico.
§ 1º Todo acórdão conterá ementa.	**Art. 563.** Todo acórdão conterá ementa.
§ 2º Lavrado o acórdão, sua ementa será publicada no órgão oficial no prazo de 10 (dez) dias.	**Art. 564.** Lavrado o acórdão, <u>serão as suas conclusões publicadas</u> no órgão oficial <u>dentro</u> de 10 (dez) dias.

CPC-2015	CPC-1973
Art. 944. Não publicado o acórdão no prazo de 30 (trinta) dias, contado da data da sessão de julgamento, as notas taquigráficas o substituirão, para todos os fins legais, independentemente de revisão.	Sem correspondente no CPC-1973.
Parágrafo único. No caso do *caput,* o presidente do tribunal lavrará, de imediato, as conclusões e a ementa e mandará publicar o acórdão.	Sem correspondente no CPC-1973.

CPC-2015	CPC-1973
Art. 1.003. O prazo para interposição de recurso conta-se da data em que os advogados, a sociedade de advogados, a Advocacia Pública, a Defensoria Pública ou o Ministério Público são intimados da decisão.	**Art. 242.** O prazo para <u>a</u> interposição de recurso conta-se da data, em que os advogados são intimados da decisão, <u>da sentença ou do acórdão</u>. **Art. 506.** <u>O prazo para a interposição do recurso, aplicável em todos os casos o disposto no artigo 184 e seus parágrafos, contar-se-á da data:</u> <u>I – da leitura da sentença em audiência;</u> <u>II – da intimação às partes, quando a sentença não for proferida em audiência;</u> <u>III – da publicação do dispositivo do acórdão no órgão oficial.</u>

CAPÍTULO 4 · DIREITO INTERTEMPORAL QUANTO AOS PROCEDIMENTOS | 75

CPC-2015	CPC-1973
§ 1º Os sujeitos previstos no *caput* considerar-se-ão intimados em audiência quando nesta for proferida a decisão.	**Art. 242, § 1º** Reputam-se intimados na audiência, quando nesta é publicada a decisão ou a sentença. **Art. 506.** O prazo para a interposição do recurso, aplicável em todos os casos o disposto no artigo 184 e seus parágrafos, contar-se-á da data: I – da leitura da sentença em audiência; II – da intimação às partes, quando a sentença não for proferida em audiência; III – da publicação do dispositivo do acórdão no órgão oficial.
§ 2º Aplica-se o disposto no art. 231, incisos I a VI, ao prazo de interposição de recurso pelo réu contra decisão proferida anteriormente à citação.	Sem correspondente no CPC-1973.
§ 3º No prazo para interposição de recurso, a petição será protocolada em cartório ou conforme as normas de organização judiciária, ressalvado o disposto em regra especial.	**Art. 506, Parágrafo único.** No prazo para a interposição do recurso, a petição será protocolada em cartório ou segundo a norma de organização judiciária, ressalvado o disposto no § 2º do art. 525 desta Lei.
§ 4º Para aferição da tempestividade do recurso remetido pelo correio, será considerada como data de interposição a data de postagem.	**Art. 525, § 2º** No prazo do recurso, a petição será protocolada no tribunal, ou postada no correio sob registro com aviso de recebimento, ou, ainda, interposta por outra forma prevista na lei local.
§ 5º Excetuados os embargos de declaração, o prazo para interpor os recursos e para responder-lhes é de 15 (quinze) dias.	**Art. 508.** Na apelação, nos embargos infringentes, no recurso ordinário, no recurso especial, no recurso extraordinário e nos embargos de divergência, o prazo para interpor e para responder é de 15 (quinze) dias.
§ 6º O recorrente comprovará a ocorrência de feriado local no ato de interposição do recurso.	Sem correspondente no CPC-1973.

CPC-2015	CPC-1973
Art. 1.046. Ao entrar em vigor este Código, suas disposições se aplicarão desde logo aos processos pendentes, ficando revogada a Lei nº 5.869, de 11 de janeiro de 1973.	**Art. 1.211.** Este Código regerá o processo civil em todo o território brasileiro. Ao entrar em vigor, suas disposições aplicar-se-ão desde logo aos processos pendentes.
§ 1º As disposições da Lei nº 5.869, de 11 de janeiro de 1973, relativas ao procedimento sumário e aos procedimentos especiais que forem revogadas aplicar-se-ão às ações propostas e não sentenciadas até o início da vigência deste Código.	Sem correspondente no CPC-1973.
§ 2º Permanecem em vigor as disposições especiais dos procedimentos regulados em outras leis, aos quais se aplicará supletivamente este Código.	Sem correspondente no CPC-1973.
§ 3º Os processos mencionados no art. 1.218 da Lei nº 5.869, de 11 de janeiro de 1973, cujo procedimento ainda não tenha sido incorporado por lei submetem-se ao procedimento comum previsto neste Código.	**Art. 1.218.** Continuam em vigor até serem incorporados nas leis especiais os procedimentos regulados pelo Decreto-Lei 1.608, de 18 de setembro de 1939, concernentes: I – ao loteamento e venda de imóveis a prestações (artigos 345 a 349); II – ao despejo (artigos 350 a 353); III – à renovação de contrato de locação de imóveis destinados a fins comerciais (arts. 354 a 365); IV – ao Registro Torrens (arts. 457 a 464); V – às averbações ou retificações do registro civil (arts. 595 a 599); VI – ao bem de família (arts. 647 a 651); VII – à dissolução e liquidação das sociedades (arts. 655 a 674); VIII – aos protestos formados a bordo (arts. 725 a 729); IX – à habilitação para casamento (arts. 742 a 745); X – ao dinheiro a risco (arts. 754 e 755); XI – à vistoria de fazendas avariadas (art. 756);

CPC-2015	CPC-1973
	XII – à apreensão de embarcações (arts. 757 a 761); XIII – à avaria a cargo do segurador (arts. 762 a 764); XIV – às avarias (arts. 765 a 768); XV – Revogado pela Lei 7.542/1986; XVI – às arribadas forçadas (arts. 772 a 775).
§ 4º As remissões a disposições do Código de Processo Civil revogado, existentes em outras leis, passam a referir-se às que lhes são correspondentes neste Código.	Sem correspondente no CPC-1973.
§ 5º A primeira lista de processos para julgamento em ordem cronológica observará a antiguidade da distribuição entre os já conclusos na data da entrada em vigor deste Código.	Sem correspondente no CPC-1973.

4.9. AMPLIAÇÃO DO COLEGIADO EM CASO DE DIVERGÊNCIA

O art. 942 do CPC assim dispõe: *"Quando o resultado da apelação for não unânime, o julgamento terá prosseguimento em sessão a ser designada com a presença de outros julgadores, que serão convocados nos termos previamente definidos no regimento interno, em número suficiente para garantir a possibilidade de inversão do resultado inicial, assegurado às partes e a eventuais terceiros o direito de sustentar oralmente suas razões perante os novos julgadores".*

A regra foi estabelecida como sucedâneo ao recurso dos embargos infringentes. Não há mais previsão do recurso de embargos infringentes. Em seu lugar, há a previsão da ampliação do órgão julgador em caso de divergência.

A regra aplica-se ao julgamento da apelação. Colhidos os votos e não havendo *resultado* unânime, não se encerra o julgamento. Este haverá de prosseguir em sessão a ser designada com a presença de outros julgadores, em número suficiente para garantir a possibilidade de inversão do resultado inicial. Com a colheita dos votos, e verificando-se não haver unanimidade, o julgamento não se encerra: há de prosseguir com novos membros. Tanto que não há lavratura de acórdão. Haverá, nos termos do próprio art. 942 do CPC, apenas prosseguimento da sessão, com a presença de novos julgadores, para que haja o encerramento do julgamento.

Esta é a hipótese de incidência do dispositivo: colheita de votos sem unanimidade na conclusão. Se uma apelação tiver sido interposta ainda sob a vigência do Código revogado, mas seu julgamento chegou, já na vigência do novo Código, nesse momento de conclusão não unanime, não caberão embargos infringentes, mas será o caso de incidência do art. 942 do CPC.

Como está explicado no Capítulo VIII, o direito ao recurso nasce com a conclusão do julgamento e o seu anúncio pelo colegiado. Se, nesse momento, não couberem mais embargos infringentes, estes não poderão mais ser interpostos. Mas, se os votos não forem unânimes, em vez de se anunciar o resultado, devem-se convocar, nos termos do referido art. 942, os outros julgadores para ampliar o colegiado e concluir o julgamento.

É possível, porém, que ocorra uma situação curiosa: imagine-se que o resultado seja divulgado e o acórdão não unânime seja lavrado ainda na vigência do CPC-1973, mas a parte interessada, em vez de interpor embargos infringentes, resolva opor embargos de declaração. Estes, como se sabe, interrompem o prazo para outros recursos, por qualquer das partes. Imagine-se, ainda, que os embargos de declaração sejam julgados já na vigência do CPC-2015. Nesse caso, não mais caberão embargos infringentes e, de igual modo, não se poderá aplicar o art. 942 do novo Código. Nessa hipótese, não haverá a possibilidade nem de uma coisa nem de outra.

Isso porque, quando o resultado fora anunciado, ainda não estava em vigor o novo Código, não podendo o seu art. 942 ser aplicado, sob pena de inadmissível retroatividade. Ao serem julgados os embargos de declaração, já não havia mais direito aos embargos infringentes, não podendo mais ser interpostos.

O disposto no art. 942 do CPC aplica-se ao julgamento não unânime proferido em agravo de instrumento, quando houver reforma da decisão que julgar parcialmente o mérito. Aqui há uma observação que merece destaque: na apelação, a regra aplica-se a qualquer resultado não unânime. Não admitida, por maioria de votos, a apelação, aplica-se a regra. Admitida para ser provida ou não provida, seja ou não de mérito a sentença recorrida, pouco importa. Se o resultado não for unânime, aplica-se a técnica de julgamento prevista no art. 942 do CPC. Já no agravo de instrumento há uma restrição: a regra só se aplica se o agravo for admitido e provido, por maioria de votos, para reformar a decisão que julgar parcialmente o mérito.

Não se aplica o disposto no art. 942 do CPC, por disposição expressa de seu § 4º, ao julgamento do incidente de assunção de competência e ao de resolução de demandas repetitivas, nem ao da remessa necessária, nem ao julgamento não unânime proferido, nos tribunais, pelo plenário ou pela corte especial. A regra também não se aplica aos embargos infringentes opostos ao tempo do CPC-1973 e ainda pendentes de julgamento[15]. De igual modo, a regra não se aplica no julgamento do recurso inominado, nos Juizados Especiais[16].

A regra aplica-se, não somente a esses casos, mas também ao julgamento não unânime proferido em ação rescisória, quando o resultado for a rescisão da sentença. Da mesma forma que ocorre com o julgamento não unânime do agravo de instrumento, o art. 942 do CPC tem aplicação mais restrita no âmbito da ação rescisória: somente incide quando acolhido o pedido de rescisão da decisão rescindenda. É comum, em alguns tribunais, haver casos em que a ação rescisória é julgada pelo plenário ou pelo órgão especial. Nesses casos, não se aplica a regra do art. 942 do CPC, não havendo a convocação de outros membros para prosseguimento do julgamento (CPC, art. 942, § 4º, III).

---

[15] Nesse sentido, o Enunciado 466 do Fórum Permanente de Processualistas Civis: "A técnica do art. 942 não se aplica aos embargos infringentes pendentes ao tempo do início da vigência do CPC, cujo julgamento deverá ocorrer nos termos do art. 530 e ss. do CPC/1973".

[16] Nesse sentido, o Enunciado 552 do Fórum Permanente de Processualistas Civis: "Não se aplica a técnica de ampliação do colegiado em caso de julgamento não unânime no âmbito dos Juizados Especiais".

Capítulo 5

DIREITO INTERTEMPORAL NO ÂMBITO PROBATÓRIO

Assista ao **vídeo 5** com considerações introdutórias referentes a este capítulo.

Instruções na primeira orelha do livro.

5.1. NORMAS SOBRE PROVAS

As provas judiciárias são disciplinadas tanto por normas de direito material como por normas de direito processual. Há normas sobre provas em diplomas de direito material e em diplomas de direito processual. Não é, porém, a simples circunstância de estar num diploma de direito material que faz com que aquela norma sobre a prova seja material. De igual modo, não é o simples fato de a norma estar num diploma processual que a caracteriza como processual.

Para Chiovenda, as normas gerais sobre provas teriam natureza processual, enquanto as normas especiais seriam materiais. As normas probatórias gerais – de natureza processual – seriam aquelas que se destinam à formação do convencimento do juiz. Já as especiais – de natureza material – regulariam determinadas relações jurídicas materiais, não servindo diretamente à formação do convencimento do juiz[1].

O critério utilizado por Chiovenda não é consistente, não sendo clara a distinção por ele proposta entre norma geral sobre prova e norma especial sobre prova.

A natureza da norma é, segundo Paula Sarno Braga, definida em virtude do papel que desempenha: se a norma regula o procedimento de criação da norma ou da decisão, é processual; se trata do conteúdo da decisão, é material[2]. Por sua vez, Beclaute Oliveira Silva entende que há

---

[1] CHIOVENDA, Giuseppe. "La natura processuale delle norme sulla prova e l'efficacia della legge processuale nel tempo". *Saggi di diritto processuale civile (1894-1937)*. Milano: Giuffrè, 1993, v. 1, p. 241-259.
[2] BRAGA, Paula Sarno. *Norma de processo e norma de procedimento*: o problema da repartição de competência legislativa no direito constitucional brasileiro. Salvador: JusPodivm, 2015, *passim*.

normas de estrutura e normas de conduta; as de estrutura estipulam a produção de outras normas, sendo normas de procedimento, enquanto as que estipulam como a conduta intersubjetiva vai se estabelecer são normas de conduta[3].

Sendo assim, o direito material ocupa-se da essência das provas, indicando seu valor, seu objeto, sua admissibilidade e suas consequências, pois esses são aspectos que consistem em objeto da decisão. Por sua vez, as normas que tratam do modo, do lugar e do tempo da produção da prova são processuais, pois regulam o seu procedimento. As que dizem respeito à demonstração do fato jurídico são de direito material; o modo de sua produção é processual.

Em outras palavras, as normas que tratam da determinação das provas, da indicação do seu valor e de suas condições de admissibilidade são materiais, sendo processuais as que estabelecem o modo de constituir a prova e de produzi-la em juízo[4]. As disposições relativas à essência das provas, à sua admissibilidade, aos seus efeitos, às pessoas que devem ministrá-las são materiais, enquanto as relativas ao modo, tempo e lugar de sua constituição e produção são processuais[5].

Há, em diplomas de direito processual, normas sobre admissibilidade das provas, seu valor, seus efeitos e sobre pessoas que devem ministrá-las. Por sua vez, há, em diplomas de direito material, normas sobre o modo, o tempo e lugar de sua constituição e produção. Como já dito, não é por estar num diploma de direito processual que a norma será processual, nem por estar num diploma material que ela será material.

Não é estranho, inclusive, haver normas processuais em diplomas de direito material e, de outro lado, normas materiais em diplomas processuais (chamadas pela doutrina de *normas heterotópicas*), a exemplo do que sucedia com o art. 401 do CPC-1973[6], que constituía uma norma

---

[3] SILVA, Beclaute Oliveira. *A garantia fundamental à motivação da decisão judicial.* Salvador: JusPodivm, 2007, p. 52-53.

[4] SANTOS, Moacyr Amaral. *Prova judiciária no cível e comercial.* 2ª ed. São Paulo: Max Limonad, 1952, v. 1, n. 23, p. 48.

[5] Ibidem, p. 48.

[6] "Art. 401. A prova exclusivamente testemunhal só se admite nos contratos cujo valor não exceda o décuplo do maior salário mínimo vigente no país, ao tempo em que foram celebrados."

material – tratava da admissibilidade ou do valor da prova testemunhal[7] – inserida num diploma de direito processual.

É preciso, como explica Lopes da Costa, distinguir entre a prova e o modo de assumi-la. O modo de produzir a prova, o lugar e o tempo de sua produção, enfim, a norma processual sobre a prova tem aplicação imediata. Havendo lei superveniente que altere o modo, o lugar ou o tempo da produção da prova, deve ser aplicada aos processos em curso. Assim, por exemplo, disposição que mande que a parte interrogue a testemunha não diretamente, mas de modo indireto, mediante o juiz. Nova lei que permita a inquirição imediata deve ser desde logo aplicada, se surgir no curso do processo[8].

Já as normas materiais sobre a prova são aquelas em vigor no momento em que o ato ou fato jurídico se realizou. Lei nova que altere a disciplina relativa à admissibilidade da prova, seu objeto, seu valor, seus efeitos e as pessoas que podem ministrá-las não se aplica a casos em que os fatos ocorreram antes. Nesses casos, aplica-se a lei em vigor na época em que ocorreu o fato jurídico, se praticou o ato jurídico ou se celebrou o negócio jurídico[9].

5.2. O ART. 1.047 DO CPC-2015

O CPC-2015 contém um dispositivo que trata do direito intertemporal no âmbito probatório. Trata-se do art. 1.047, que assim dispõe: *"As disposições de direito probatório adotadas neste Código aplicam-se apenas às provas requeridas ou determinadas de ofício a partir da data de início de sua vigência"*.

O marco temporal, definido em tal dispositivo, é o requerimento ou a determinação de ofício da produção da prova. Nos termos do mencionado dispositivo, as disposições de direito probatório do novo Código não se aplicam aos processos em curso que já tiveram prova requerida ou

---

[7]   LOPES, João Batista. *A prova no direito processual civil.* São Paulo: RT, 1999, p. 25.

[8]   COSTA, Alfredo Araújo Lopes da. *Direito processual civil brasileiro.* 2ª ed. Rio de Janeiro: Forense, 1959, n. 283, p. 260. No mesmo sentido: SANTOS, Moacyr Amaral. *Prova judiciária no cível e comercial*, cit., n. 25, p. 49-51.

[9]   COSTA, Alfredo Araújo Lopes da. *Direito processual civil brasileiro.* Ob. cit., n. 284, p. 261. No mesmo sentido: SANTOS, Moacyr Amaral. *Prova judiciária no cível e comercial*, cit., n. 25, p. 49-51.

determinada de ofício pelo juiz. As disposições do novo Código somente se aplicam a partir do requerimento de produção de prova feito depois do início de sua vigência ou a partir da determinação de ofício de sua realização que tenha sido emitida depois do início de sua vigência[10].

Conforme anotado no Enunciado 366 do Fórum Permanente de Processualistas Civis, "*O protesto genérico por provas, realizado na petição inicial ou na contestação ofertada antes da vigência do CPC, não implica requerimento de prova para fins do art. 1.047*".

Pelo disposto no referido art. 1.047, se a parte tiver requerido determinada prova ainda na vigência do Código revogado, a sua produção, o modo, o lugar e o tempo não serão regulados pelo novo Código. Assim, por exemplo, se a parte tiver requerido prova testemunhal ainda na vigência do CPC-1973, mas o testemunho só vier a ser colhido já na vigência do CPC-2015, a parte não poderá fazer perguntas diretamente à testemunha (CPC-2015, art. 459), devendo, nesse ponto, aplicar o CPC-1973 e requerer ao juiz para que este, então, formule sua pergunta (CPC-1973, art. 416).

Tal situação pode acarretar um problema de falta de igualdade no processo. Imagine-se que o requerimento acima mencionado foi feito pelo autor, ainda sob a vigência do Código revogado. Imagine-se que, em momento seguinte, o réu, agora já sob a vigência do novo Código, também requer a produção de prova testemunhal. A se aplicar o disposto no referido art. 1.047, a oitiva da testemunha requerida pelo autor seguirá a regra do art. 416 do CPC-1973, e a requerida pelo réu, a do art. 459 do CPC-2015,

---

[10] Para Ronaldo Cramer, a regra do art. 1.047 tem razão de ser, servindo para preservar a expectativa da parte e do juiz de que a prova seja produzida conforme a legislação do momento em que ela foi concebida como útil ("Comentários ao art. 1.047". In: WAMBIER, Teresa Arruda Alvim; DIDIER JR., Fredie; TALAMINI, Eduardo; DANTAS, Bruno (coords.). *Breves comentários ao novo Código de Processo Civil*. São Paulo: RT, 2015, p. 2.364). A regra, pelas razões expostas neste Capítulo, não preserva expectativa da parte, causando, na realidade, um sério problema na aplicação de regras sobre provas; em algumas situações, chega a ser inconstitucional, por retroagir indevidamente ou por violar a isonomia, desconsiderando a natureza das normas sobre provas. Além disso, não há expectativas do juiz a serem preservadas pelo legislador. O juiz deve atuar de acordo com a legislação em vigor no momento do ato, a depender de o direito ser material ou processual.

causando uma assimetria e distorção no procedimento de produção da prova testemunhal.

Enfim, imagine-se uma prova requerida ainda na vigência do CPC-1973, mas que venha a ser produzida depois do início de vigência do CPC-2015. Aplicada a regra do art. 1.047 do novo Código em sua literalidade, toda a fase de produção de prova terá de ser feita de acordo com as normas do Código revogado, enquanto as outras provas do mesmo processo, requeridas posteriormente, já sob a vigência do CPC-2015, serão processadas nos termos das normas contidas neste último[11].

Seguindo-se literalmente o disposto no mencionado art. 1.047, se a parte requereu a produção de prova exclusivamente testemunhal em caso relativo a contrato de alto valor já na vigência do novo Código, será possível sua realização, pois seriam aplicáveis suas disposições, que não reproduzem a proibição contida no art. 401 do CPC-1973[12]. Tal proibição também constava do art. 227 do Código Civil, que foi expressamente revogado pelo art. 1.072, II, do CPC-2015.

Essa última interpretação não poderá ser adotada, sob pena de haver inadmissível retroatividade. É que o art. 401 do CPC-1973 e o art. 227 do Código Civil tratavam da admissibilidade da prova testemunhal, consistindo numa norma de direito material. Logo, deve ser aplicada a lei do momento da celebração do negócio jurídico. Aplicar, nesse exemplo ora aventado, o novo CPC equivale a retroagir sua incidência para alcançar ato jurídico perfeito e alterar seus efeitos. É inconstitucional, portanto, essa aplicação, por atentar contra o disposto no art. 5º, XXXVI, da Constituição Federal.

A disciplina legal da prova conta com uma variedade de incidência normativa e com múltiplos aspectos que a envolvem. Não é aconselhável, por essa razão, haver dispositivo legal que contenha norma transitória a respeito de direito probatório, acarretando a impossibilidade de sua apli-

---

[11] PESSOA, Fabio Guidi Tabosa. "Comentários ao art. 1.047". In: STRECK, Lenio Luiz; NUNES, Dierle; CUNHA, Leonardo Carneiro da (orgs.); FREIRE, Alexandre (coord. exec.). *Comentários ao Código de Processo Civil.* São Paulo: Saraiva, 2016, p. 1.404.

[12] "Art. 401. A prova exclusivamente testemunhal só se admite nos contratos cujo valor não exceda o décuplo do maior salário mínimo vigente no país, ao tempo em que foram celebrados."

cação em alguns casos e a ocorrência de tratamento anti-isonômico em tantos outros.

O que se percebe, na realidade, é que o art. 1.047 do CPC destina-se a proteger a parte – preservando as expectativas processuais relacionadas à produção da prova – e, assim, concretizar o contraditório e a segurança jurídica, que são princípios que balizam ou orientam a regra. Não é possível aplicar uma restrição à proposição e à admissibilidade de uma prova que não existia no CPC-1973 a um processo em que a parte já a tenha requerido ou o juiz a tenha determinado de ofício. Requerida a prova ou determinada sua produção de ofício pelo juiz, surge para as partes a expectativa de que a prova será produzida, não podendo qualquer restrição, vedação ou inadmissibilidade superveniente alcançá-las.

Esse é o sentido que se deve construir a partir da conjugação do art. 1.047 do CPC-2015 com o disposto nos seus arts. 14 e 1.046, bem como com o disposto no art. 5º, XXXVI, da Constituição Federal.

As regras sobre a produção da prova aplicam-se imediatamente, mesmo em relação às provas que foram requeridas ou determinadas de ofício, antes do início de vigência do novo Código. Somente não se aplicam, como visto, as regras proibitivas, restritivas ou que tornem inadmissíveis as provas já requeridas ou determinadas de ofício pelo juiz.

Volte-se a imaginar o exemplo já apresentado. Requerido um depoimento testemunhal ainda na vigência do Código revogado, não faz sentido deixar de aplicar a nova regra de colheita da prova testemunhal, prevista no art. 459 do CPC-2015, se a oitiva da testemunha ocorrer já sob sua vigência. A aplicação da nova regra – que permite às partes formularem perguntas diretamente às testemunhas – não restringe qualquer direito da parte, reforçando, muito pelo contrário, sua participação no processo e aprimorando o contraditório.

Imagine-se, ainda, que a parte requeira, ainda sob a vigência do Código revogado, uma prova pericial. Não faz sentido, se a perícia vier a ser realizada já na vigência do novo Código, deixar de aplicar a regra prevista no art. 473 do CPC-2015, que estabelece os requisitos do laudo pericial. A nova regra não restringe qualquer direito da parte, reforçando, bem ao contrário, a sua participação no processo e aprimorando o contraditório.

O art. 1.047 do CPC-2015 é, portanto, de difícil compreensão, não sendo possível imaginar uma hipótese em que ele tenha de fato incidência. Tal dispositivo há de ser lido em conjunto com os arts. 14 e 1.046 do mesmo CPC-2015, bem como com o art. 5º, XXXVI, da Constituição Federal. É regra que se destina a impedir a aplicação de restrições e proibições de provas em casos em que já houve requerimento ou determinação de ofício da realização da prova.

No mais, o dispositivo revela-se inútil e inoperante. Sua aplicação deve pautar-se na finalidade a ser alcançada, que é concretizar o contraditório e a segurança jurídica, protegendo a confiança.

Capítulo 6

DIREITO INTERTEMPORAL NO CUMPRIMENTO DA SENTENÇA E NA EXECUÇÃO FUNDADA EM TÍTULO EXTRAJUDICIAL

*Assista ao **vídeo 6** com considerações introdutórias referentes a este capítulo.*

Instruções na primeira orelha do livro.

6.1. BREVE HISTÓRICO SOBRE A EXECUÇÃO: DO CPC-1973 AO CPC-2015

O Código de Processo Civil de 1973, em sua estrutura originária, unificou as execuções. Independentemente de estar fundada em título judicial ou em título extrajudicial, a execução submetia-se ao mesmo procedimento: o executado era citado para, em 24 (vinte e quatro) horas, pagar ou nomear bens à penhora.

Feita a penhora de bens, o executado era intimado, iniciando-se o prazo de 10 (dez) dias para oposição de embargos à execução, que suspendiam o curso da execução. Os embargos eram julgados por sentença, da qual cabia apelação. Rejeitados os embargos, a apelação era desprovida de efeito suspensivo (CPC-1973, art. 520, V). Acolhidos que fossem, a apelação ostentava o duplo efeito.

Basicamente, a diferença que havia entre a execução fundada em título judicial e a execução fundada em título extrajudicial residia no objeto dos embargos do devedor. Se o título fosse judicial, o executado somente poderia alegar, em seus embargos, as matérias relacionadas no art. 741 do CPC-1973. Em se tratando de execução fundada em título extrajudicial, não havia limitação, podendo o executado alegar toda e qualquer matéria (CPC-1973, art. 745).

Significa, então, que a defesa do executado, independentemente de a execução fundar-se em título judicial ou extrajudicial, era feita, na concepção originária do CPC-1973, por meio de embargos, que ostentam a natureza de ação.

Pela estrutura originária do CPC-1973, a execução sempre constituiu um processo autônomo, regulado em Livro próprio (o Livro II do CPC-1973).

Com o advento da Lei nº 11.232, de 22 de dezembro de 2005, deixou de existir processo autônomo de execução fundada em título judicial, devendo a sentença ser objeto de simples cumprimento. Tal sistemática não atingia a execução proposta em face da Fazenda Pública. Esta continuou sendo uma execução autônoma, cabendo embargos do devedor, cuja natureza de ação manteve-se. Aliás, o art. 741 do CPC-1973 passou a tratar dos embargos à execução opostos pela Fazenda Pública. Esse dispositivo – juntamente com os arts. 730 e 731, os quais não foram alterados – estava no Livro II do CPC, que tratava do processo (autônomo) de execução. Os demais dispositivos – que tratavam da execução fundada em título judicial – foram revogados, sendo, muitos, transplantados para o Livro I do CPC-1973 (arts. 475-A a 475-R), que trata do processo de conhecimento, de sorte que o cumprimento da sentença deixou de gerar um processo autônomo de execução. Na execução contra a Fazenda Pública, continuou a regra antiga: havia processo autônomo de execução, disciplinado no Livro II do CPC, mais precisamente nos arts. 730 e 731, passando o art. 741 a cuidar dos embargos opostos pela Fazenda Pública, relacionando as matérias que podiam ser versadas em tais embargos.

Por aí já se vê que, a partir de mudanças levadas a efeito em 2005, passaram a variar os tipos de execução, a depender do título executivo. Se o título fosse judicial, adotava-se a sistemática do cumprimento de sentença, com o procedimento previsto a partir do art. 475-J do CPC-1973. Em se tratando de título extrajudicial, a execução manteve a disciplina prevista no Livro II do Código revogado, inaugurando um processo autônomo. Na execução contra a Fazenda Pública, independentemente de qual fosse o título executivo, havia regramento próprio, ajustado à sistemática constitucional do precatório ou da requisição de pequeno valor.

Em cada tipo de execução, o executado podia defender-se. No cumprimento da sentença, a defesa do executado fazia-se mediante impugnação (CPC-1973, arts. 475-L e 475-M). Na execução de título extrajudicial, o executado defendia-se pelos embargos à execução (CPC-1973, arts. 736 a 745). A Fazenda Pública, nas execuções contra ela propostas, defendia-se igualmente por embargos (CPC-1973, arts. 730 e 741).

A distinção que passou a ser feita a partir de 2005 entre cumprimento de sentença e execução fundada em título extrajudicial foi mantida no CPC-2015, que a estendeu para as execuções propostas contra a Fazenda Pública. A execução contra a Fazenda Pública pode fundar-se em título judicial ou em título extrajudicial. Quando o título for judicial, há cumprimento de sentença contra a Fazenda Pública (CPC-2015, arts. 534 e 535). Sendo extrajudicial, propõe-se a execução disciplinada no art. 910

do CPC-2015. Tanto numa como noutra, é necessário observar o regime de precatórios ou de requisição de pequeno valor – RPV –, previsto no art. 100 da Constituição Federal.

Além disso, o CPC-2015 modificou alguns títulos executivos. O crédito de auxiliar da justiça, aprovado por decisão judicial, era, no CPC-1973 (art. 585, VI), um título executivo extrajudicial. No CPC-2015 (art. 515, V), passou a ser um título judicial. O crédito referente às contribuições ordinárias ou extraordinárias de condomínio edilício e a certidão expedida por serventia notarial ou de registro relativa a valores de emolumentos e demais despesas passaram a ser, expressamente, títulos executivos extrajudiciais no CPC-2015 (art. 784, X e XI).

Também houve modificações no procedimento do cumprimento da sentença, bem como nos meios expropriatórios.

Cumpre examinar o direito intertemporal nessas hipóteses.

CPC-2015	CPC-1973
Art. 515. São títulos executivos judiciais, cujo cumprimento dar-se-á de acordo com os artigos previstos neste Título:	**Art. 475-N.** São títulos executivos judiciais:
I – as decisões proferidas no processo civil que reconheçam a exigibilidade de obrigação de pagar quantia, de fazer, de não fazer ou de entregar coisa;	**Art. 475-N, I** – <u>a sentença proferida</u> no processo civil que <u>reconheça a existência</u> de obrigação de fazer, não fazer, entregar coisa <u>ou pagar quantia;</u>
II – a decisão homologatória de autocomposição judicial; III – a decisão homologatória de autocomposição extrajudicial de qualquer natureza;	**Art. 475-N, III** – a <u>sentença</u> homologatória de <u>conciliação ou de transação, ainda que inclua matéria não posta em juízo;</u> **Art. 475-N, IV** – <u>a sentença arbitral;</u>
IV – o formal e a certidão de partilha, exclusivamente em relação ao inventariante, aos herdeiros e aos sucessores a título singular ou universal;	**Art. 475-N, VII** – o formal e a certidão de partilha, exclusivamente em relação ao inventariante, aos herdeiros e aos sucessores a título singular ou universal.
V – o crédito de auxiliar da justiça, quando as custas, emolumentos ou honorários tiverem sido aprovados por decisão judicial;	**Art. 585.** <u>São títulos executivos extrajudiciais:</u> VI – o crédito de <u>serventuário de</u> justiça, <u>de perito, de intérprete, ou de tradutor,</u> quando as custas, emolumentos ou honorários <u>forem</u> aprovados por decisão judicial;

CPC-2015	CPC-1973
VI – a sentença penal condenatória transitada em julgado;	Art. 475-N, II – a sentença penal condenatória transitada em julgado;
VII – a sentença arbitral;	Art. 475-N, IV – a sentença arbitral;
VIII – a sentença estrangeira homologada pelo Superior Tribunal de Justiça;	Art. 475-N, VI – a sentença estrangeira, homologada pelo Superior Tribunal de Justiça;
IX – a decisão interlocutória estrangeira, após a concessão do *exequatur* à carta rogatória pelo Superior Tribunal de Justiça;	Sem correspondente no CPC-1973.
VETADO X – o acórdão proferido pelo tribunal marítimo quando do julgamento de acidentes e fatos da navegação.	
§ 1º Nos casos dos incisos VI a IX, o devedor será citado no juízo cível para o cumprimento da sentença ou para a liquidação no prazo de 15 (quinze) dias.	Parágrafo único. Nos casos dos incisos II, IV e VI, o mandado inicial (art. 475-J) incluirá a ordem de citação do devedor, no juízo cível, para liquidação ou execução, conforme o caso.
§ 2º A autocomposição judicial pode envolver sujeito estranho ao processo e versar sobre relação jurídica que não tenha sido deduzida em juízo.	Art. 475-N. São títulos executivos judiciais: III – a sentença homologatória de conciliação ou de transação, ainda que inclua matéria não posta em juízo;

CPC-2015	CPC-1973
Art. 534. No cumprimento de sentença que impuser à Fazenda Pública o dever de pagar quantia certa, o exequente apresentará demonstrativo discriminado e atualizado do crédito contendo:	Sem correspondente no CPC-1973.
I – o nome completo e o número de inscrição no Cadastro de Pessoas Físicas ou no Cadastro Nacional da Pessoa Jurídica do exequente;	Sem correspondente no CPC-1973.
II – o índice de correção monetária adotado;	Sem correspondente no CPC-1973.
III – os juros aplicados e as respectivas taxas;	Sem correspondente no CPC-1973.

CPC-2015	CPC-1973
IV – o termo inicial e o termo final dos juros e da correção monetária utilizados;	Sem correspondente no CPC-1973.
V – a periodicidade da capitalização dos juros, se for o caso;	Sem correspondente no CPC-1973.
VI – a especificação dos eventuais descontos obrigatórios realizados.	Sem correspondente no CPC-1973.
§ 1º Havendo pluralidade de exequentes, cada um deverá apresentar o seu próprio demonstrativo, aplicando-se à hipótese, se for o caso, o disposto nos §§ 1º e 2º do art. 113.	Sem correspondente no CPC-1973.
§ 2º A multa prevista no § 1º do art. 523 não se aplica à Fazenda Pública.	Sem correspondente no CPC-1973.
Art. 535. A Fazenda Pública será intimada na pessoa de seu representante judicial, por carga, remessa ou meio eletrônico, para, querendo, no prazo de 30 (trinta) dias e nos próprios autos, impugnar a execução, podendo arguir:	**Art. 741.** Na execução contra a Fazenda Pública, os embargos só poderão versar sobre:
I – falta ou nulidade da citação se, na fase de conhecimento, o processo correu à revelia;	I – falta ou nulidade da citação, se o processo correu à revelia;
II – ilegitimidade de parte;	III – ilegitimidade das partes;
III – inexequibilidade do título ou inexigibilidade da obrigação;	II – inexigibilidade do título;
IV – excesso de execução ou cumulação indevida de execuções;	IV – cumulação indevida de execuções; V – excesso de execução;
V – incompetência absoluta ou relativa do juízo da execução;	VII – incompetência do juízo da execução, bem como suspeição ou impedimento do juiz.
VI – qualquer causa modificativa ou extintiva da obrigação, como pagamento, novação, compensação, transação ou prescrição, desde que supervenientes ao trânsito em julgado da sentença.	VI – qualquer causa impeditiva, modificativa ou extintiva da obrigação, como pagamento, novação, compensação, transação ou prescrição, desde que superveniente à sentença;

CPC-2015	CPC-1973
§ 1º A alegação de impedimento ou suspeição observará o disposto nos arts. 146 e 148.	**Art. 742.** Será oferecida, juntamente com os embargos, a exceção de incompetência do juízo, bem como a de suspeição ou de impedimento do juiz.
§ 2º Quando se alegar que o exequente, em excesso de execução, pleiteia quantia superior à resultante do título, cumprirá à executada declarar de imediato o valor que entende correto, sob pena de não conhecimento da arguição.	Sem correspondente no CPC-1973.
§ 3º Não impugnada a execução ou rejeitadas as arguições da executada:	**Art. 730.** Na execução por quantia certa contra a Fazenda Pública, citar-se-á a devedora para opor embargos em 10 (dez) dias; se esta não os opuser, no prazo legal, observar-se-ão as seguintes regras:
I – expedir-se-á, por intermédio do presidente do tribunal competente, precatório em favor do exequente, observando-se o disposto na Constituição Federal;	I – o juiz requisitará o pagamento por intermédio do presidente do tribunal competente;
II – por ordem do juiz, dirigida à autoridade na pessoa de quem o ente público foi citado para o processo, o pagamento de obrigação de pequeno valor será realizado no prazo de 2 (dois) meses contado da entrega da requisição, mediante depósito na agência de banco oficial mais próxima da residência do exequente.	Sem correspondente no CPC-1973.
§ 4º Tratando-se de impugnação parcial, a parte não questionada pela executada será, desde logo, objeto de cumprimento.	Sem correspondente no CPC-1973.
§ 5º Para efeito do disposto no inciso III do *caput* deste artigo, considera-se também inexigível a obrigação reconhecida em título executivo judicial fundado em lei ou ato normativo considerado inconstitucional pelo Supremo Tribunal Federal, ou fundado em aplicação ou interpretação da lei ou do ato normativo tido pelo Supremo Tribunal Federal como incompatível com a Constituição Federal, em controle de constitucionalidade concentrado ou difuso.	**Art. 741, Parágrafo único.** Para efeito do disposto no inciso II do *caput* deste artigo, considera-se também inexigível o título judicial fundado em lei ou ato normativo declarados inconstitucionais pelo Supremo Tribunal Federal, ou fundado em aplicação ou interpretação da lei ou ato normativo tidas pelo Supremo Tribunal Federal como incompatíveis com a Constituição Federal.

CPC-2015	CPC-1973
§ 6º No caso do § 5º, os efeitos da decisão do Supremo Tribunal Federal poderão ser modulados no tempo, de modo a favorecer a segurança jurídica.	Sem correspondente no CPC-1973. *Vide:* Lei nº 9.868/1999 (Lei da ADI e da ADC), art. 27. "Ao declarar a inconstitucionalidade de lei ou ato normativo, e tendo em vista razões de segurança jurídica ou de excepcional interesse social, poderá o Supremo Tribunal Federal, por maioria de dois terços de seus membros, restringir os efeitos daquela declaração ou decidir que ela só tenha eficácia a partir de seu trânsito em julgado ou de outro momento que venha a ser fixado."
§ 7º A decisão do Supremo Tribunal Federal referida no § 5º deve ter sido proferida antes do trânsito em julgado da decisão exequenda.	Sem correspondente no CPC-1973.
§ 8º Se a decisão referida no § 5º for proferida após o trânsito em julgado da decisão exequenda, caberá ação rescisória, cujo prazo será contado do trânsito em julgado da decisão proferida pelo Supremo Tribunal Federal.	Sem correspondente no CPC-1973.

CPC-2015	CPC-1973
Art. 784. São títulos executivos extrajudiciais:	**Art. 585.** São títulos executivos extrajudiciais:
I – a letra de câmbio, a nota promissória, a duplicata, a debênture e o cheque;	I – a letra de câmbio, a nota promissória, a duplicata, a debênture e o cheque;
II – a escritura pública ou outro documento público assinado pelo devedor; III – o documento particular assinado pelo devedor e por 2 (duas) testemunhas; IV – o instrumento de transação referendado pelo Ministério Público, pela Defensoria Pública, pela Advocacia Pública, pelos advogados dos transatores ou por conciliador ou mediador credenciado por tribunal;	II – a escritura pública ou outro documento público assinado pelo devedor; o documento particular assinado pelo devedor e por duas testemunhas; o instrumento de transação referendado pelo Ministério Público, pela Defensoria Pública <u>ou</u> pelos advogados dos transatores;
V – o contrato garantido por hipoteca, penhor, anticrese ou outro direito real de garantia e aquele garantido por caução;	III – <u>os contratos garantidos</u> por hipoteca, penhor, anticrese <u>e</u> caução, <u>bem como os de seguro de vida;</u>

CPC-2015	CPC-1973
VI – o contrato de seguro de vida em caso de morte;	Sem correspondente no CPC-1973.
VII – o crédito decorrente de foro e laudêmio;	IV – o crédito decorrente de foro e laudêmio;
VIII – o crédito, documentalmente comprovado, decorrente de aluguel de imóvel, bem como de encargos acessórios, tais como taxas e despesas de condomínio;	V – o crédito, documentalmente comprovado, decorrente de aluguel de imóvel, bem como de encargos acessórios, tais como taxas e despesas de condomínio;
IX – a certidão de dívida ativa da Fazenda Pública da União, dos Estados, do Distrito Federal e dos Municípios, correspondente aos créditos inscritos na forma da lei;	VII – a certidão de dívida ativa da Fazenda Pública da União, dos Estados, do Distrito Federal, dos Territórios e dos Municípios, correspondente aos créditos inscritos na forma da lei;
X – o crédito referente às contribuições ordinárias ou extraordinárias de condomínio edilício, previstas na respectiva convenção ou aprovadas em Assembleia-Geral, desde que documentalmente comprovadas;	Sem correspondente no CPC-1973.
XI – a certidão expedida por serventia notarial ou de registro, relativa a valores de emolumentos e demais despesas devidas pelos atos por ela praticados, fixados nas tabelas estabelecidas em lei;	Sem correspondente no CPC-1973.
XII – todos os demais títulos aos quais, por disposição expressa, a lei atribuir força executiva.	VIII – todos os demais títulos a que, por disposição expressa, a lei atribuir força executiva.
§ 1º A proposta de qualquer ação relativa a débito constante de título executivo não inibe o credor de promover-lhe a execução.	§ 1º A proposta de qualquer ação relativa ao débito constante do título executivo não inibe o credor de promover-lhe a execução.
§ 2º Os títulos executivos extrajudiciais oriundos de país estrangeiro não dependem de homologação para serem executados. § 3º O título estrangeiro só terá eficácia executiva quando satisfeitos os requisitos de formação exigidos pela lei do lugar de sua celebração e quando o Brasil for indicado como o lugar de cumprimento da obrigação.	§ 2º Não dependem de homologação pelo Supremo Tribunal Federal, para serem executados, os títulos executivos extrajudiciais, oriundos de país estrangeiro. O título, para ter eficácia executiva, há de satisfazer aos requisitos de formação exigidos pela lei do lugar de sua celebração e indicar o Brasil como o lugar de cumprimento da obrigação.

Capítulo 6 • CUMPRIMENTO DE SENTENÇA E EXECUÇÃO DE TÍTULO EXTRAJUDICIAL | 101

CPC-2015	CPC-1973
Art. 910. Na execução fundada em título extrajudicial, a Fazenda Pública será citada para opor embargos em 30 (trinta) dias.	**Art. 730.** Na execução por quantia certa contra a Fazenda Pública, citar-se-á a devedora para opor embargos em 10 (dez) dias; se esta não os opuser, no prazo legal, observar-se-ão as seguintes regras:
§ 1º Não opostos embargos ou transitada em julgado a decisão que os rejeitar, expedir-se-á precatório ou requisição de pequeno valor em favor do exequente, observando-se o disposto no art. 100 da Constituição Federal.	I – o juiz requisitará o pagamento por intermédio do presidente do tribunal competente; II – far-se-á o pagamento na ordem de apresentação do precatório e à conta do respectivo crédito.
§ 2º Nos embargos, a Fazenda Pública poderá alegar qualquer matéria que lhe seria lícito deduzir como defesa no processo de conhecimento.	Sem correspondente no CPC-1973. # Artigos relacionados do CPC-1973 # **Art. 741.** Na execução contra a Fazenda Pública, os embargos só poderão versar sobre: I – falta ou nulidade da citação, se o processo correu à revelia; II – inexigibilidade do título; III – ilegitimidade das partes; IV – cumulação indevida de execuções; V – excesso de execução; VI – qualquer causa impeditiva, modificativa ou extintiva da obrigação, como pagamento, novação, compensação, transação ou prescrição, desde que superveniente à sentença; VII – incompetência do juízo da execução, bem como suspeição ou impedimento do juiz. Parágrafo único. Para efeito do disposto no inciso II do *caput* deste artigo, considera-se também inexigível o título judicial fundado em lei ou ato normativo declarados inconstitucionais pelo Supremo Tribunal Federal, ou fundado em aplicação ou interpretação da lei ou ato normativo tidas pelo Supremo Tribunal Federal como incompatíveis com a Constituição Federal. **Art. 742.** Será oferecida, juntamente com os embargos, a exceção de incompetência do juízo, bem como a de suspeição ou de impedimento do juiz.
§ 3º Aplica-se a este Capítulo, no que couber, o disposto nos artigos 534 e 535.	Sem correspondente no CPC-1973.

6.2. CUMPRIMENTO DA SENTENÇA CONTRA A FAZENDA PÚBLICA

Já se viu que, no CPC-2015, a execução contra a Fazenda Pública pode fundar-se em título judicial ou em título extrajudicial. Quando o título for judicial, há cumprimento de sentença contra a Fazenda Pública (arts. 534 e 535). Sendo extrajudicial, propõe-se a execução disciplinada no art. 910. Tanto numa como noutra, é necessário observar o regime de precatórios ou de requisição de pequeno valor – RPV –, previsto no art. 100 da Constituição Federal.

O cumprimento de sentença constitui uma fase do processo. Este, que é um só, divide-se em duas fases: a de acertamento e a de cumprimento.

Não é, rigorosamente, apropriado falar em *fase* de cumprimento de sentença nos casos de obrigações de fazer, não fazer e de dar coisa, pois a decisão esgota a tutela dessas situações jurídicas.

A fase de cumprimento ocorre, única e exclusivamente, para a execução de decisões que reconhecem obrigação de pagar quantia, pois nelas não se tutela satisfatoriamente o direito reconhecido. Nos casos de sentença condenatória de obrigação de pagar, haverá, então, outra fase, que é a do cumprimento de sentença.

O cumprimento de sentença que pretende o pagamento de quantia certa há de ser requerido pelo exequente, a quem cabe apresentar memória de cálculo contendo os elementos relacionados no art. 534 do CPC. Nos casos de obrigação de fazer, não fazer e entregar coisa, não se aplica o art. 534, mas sim as regras gerais dos arts. 536 e 538.

Não há qualquer peculiaridade no cumprimento de sentença contra a Fazenda Pública quando se tratar de obrigação de fazer, não fazer e entregar coisa. A peculiaridade – com incidência dos arts. 534 e 535 – está apenas quando a obrigação for de pagar quantia certa, atraindo, igualmente, a incidência do art. 100 da Constituição Federal.

Diante das particularidades impostas pelo art. 100 da Constituição Federal, o procedimento comum do cumprimento de sentença não se aplica à Fazenda Pública. Esta é executada por meio de um procedimento especial de cumprimento de sentença, regulado nos arts. 534 e 535 do CPC. Sendo a Fazenda Pública condenada ao pagamento de quantia certa, sua efetivação ou execução faz-se mediante cumprimento de sentença, regulado que está nos arts. 534 e 535 do CPC. O procedimento comum do cumprimento de sentença não se aplica à Fazenda Pública. A sentença que condená-la

Capítulo 6 • CUMPRIMENTO DE SENTENÇA E EXECUÇÃO DE TÍTULO EXTRAJUDICIAL | 103

pode, contudo, ser ilíquida, devendo, em razão disso, ser objeto de uma liquidação para, somente depois, poder ser executada.

Antes, porém, quando ainda estava vigente o CPC-1973, a execução fundada em título judicial contra a Fazenda Pública fazia-se do mesmo modo que a execução fundada em título extrajudicial: ela era citada para, em 30 (trinta) dias, apresentar embargos. Depois de todo o procedimento dos embargos, expedia-se o precatório ou a requisição de pequeno valor.

Se, ao ter início a vigência do CPC-2015, a Fazenda Pública já tiver sido executada e citada para opor embargos, terá sido instaurado um processo autônomo, com formação e complementação da relação processual. Iniciado o processo e formada a relação processual, ele há de prosseguir até o final, encerrando-se por sentença. Nesse caso, aplica-se aqui a mesma regra prevista no § 1º do art. 1.046 do CPC-2015 para os procedimentos especiais: devem prosseguir até a sentença com a disciplina prevista no CPC-1973. Afinal, a execução contra a Fazenda Pública é, rigorosamente, um procedimento especial. É um procedimento especial de execução, mas é um procedimento especial. A razão que justifica o § 1º do art. 1.046 do CPC-2015 encontra-se igualmente aqui presente. Nesse caso, a Fazenda Pública, tendo sido citada para oferecer embargos, deverá fazê-lo no prazo de 30 (trinta) dias, apoiando-se no art. 730 do CPC-1973.

Caso, entretanto, tenha sido ajuizada, ainda sob a vigência do CPC--1973, a execução contra a Fazenda Pública, mas ainda não tenha havido sua citação, poderá o exequente ajustar sua petição inicial, transformando-a no requerimento a que alude o art. 534 do CPC-2015 para que, então, seja instaurado, não uma execução contra a Fazenda Pública, mas um cumprimento de sentença. Nesse caso, a Fazenda Pública não será citada, mas intimada; não irá opor embargos à execução, mas impugnação ao cumprimento da sentença, sujeitando-se ao disposto no art. 535 do CPC-2015.

6.3. NOVOS TÍTULOS EXECUTIVOS

De acordo com o inciso V do art. 515 do CPC-2015, é título executivo judicial *"o crédito de auxiliar da justiça, quando as custas, emolumentos ou honorários tiverem sido aprovados por decisão judicial"*, sendo certo que o termo *auxiliar da justiça* compreende o serventuário da justiça, o escrivão, o chefe de secretaria, o perito, o oficial de justiça, o intérprete, o tradutor, o depositário, o administrador, o conciliador, o mediador, o leiloeiro, o partidor, o distribuidor, o contabilista e o regulador de avarias (CPC, art. 149).

No CPC-1973, tal crédito constava do rol de títulos executivos extrajudiciais. No CPC-2015, trata-se de título executivo judicial. Para que o crédito enquadre-se no *tipo legal*, é preciso que seja aprovado por *decisão judicial*. Não havendo a aprovação judicial, não haverá o título executivo. Quer isso dizer que o título executivo é a *decisão judicial* que aprova as custas, os emolumentos ou os honorários. O título é, então, judicial, submetendo-se ao procedimento do cumprimento da sentença.

As custas, os emolumentos e os honorários dos auxiliares da justiça são, em princípio, antecipados pelas partes. Com efeito, as despesas devem ser pagas antecipadamente, tal como dispõem o art. 82, e seu § 1º, e o art. 88, ambos do CPC-2015. Em tese, não haveria custas ou emolumentos a serem aprovados por decisão judicial para que se propusesse, posteriormente, um cumprimento da sentença. É possível, porém, que haja alguma diferença a ser paga, cujo valor tenha sido aprovado pelo juiz, desencadeando a propositura do cumprimento da sentença para que se cobre tal diferença.

Quanto aos honorários do perito, o juiz, na dicção do § 1º do art. 95 do CPC-2015, pode determinar que a parte responsável pelo pagamento deposite o valor correspondente a tal remuneração. Feito o depósito, não há decisão posterior que aprove o valor, não havendo cogitar de um cumprimento de sentença a ser ajuizado. É possível, todavia, que o juiz não tenha determinado o depósito prévio do valor dos honorários do perito já fixados por decisão. Realizada a perícia, e não efetuado o pagamento dos honorários do perito, a decisão que os fixou, que é título executivo *judicial*, poderá render ensejo a um cumprimento da sentença.

Se a decisão do juiz, aprovando os emolumentos ou honorários, foi proferida sob a vigência do CPC-1973, mas ainda não executada, a parte deve, já na vigência do CPC-2015, valer-se de um cumprimento de sentença ou de uma execução fundada em título extrajudicial?

A qualidade do título deve ser verificada no momento da propositura da demanda. Se o título, quando formado, era extrajudicial, mas agora, quando do ajuizamento da execução, for judicial, deve a parte propor cumprimento de sentença, e não execução fundada em título extrajudicial. É que o título não é mais extrajudicial; passou a ser judicial. O que cabe é um cumprimento de sentença.

A propósito, cabe ceder a palavra a Galeno Lacerda, que assim esclarece: *"As modificações na eficácia processual da ação aplicam-se desde logo, embora os títulos sejam de data anterior à lei nova, desde que as ações se proponham depois da vigência do Código"*[1].

Por sua vez, o art. 784 do CPC-2015 prevê, em seus incisos X e XI, que são títulos executivos extrajudiciais

> X – o crédito referente às contribuições ordinárias ou extraordinárias de condomínio edilício, previstas na respectiva convenção ou aprovadas em assembleia geral, desde que documentalmente comprovadas;
>
> XI – a certidão expedida por serventia notarial ou de registro relativa a valores de emolumentos e demais despesas devidas pelos atos por ela praticados, fixados nas tabelas estabelecidas em lei;

A previsão do inciso XI é uma novidade. O CPC-1973 não previa esse título executivo.

Quanto à hipótese do inciso X, convém compará-la com o disposto no inciso V do art. 585 do CPC-1973, que dispunha ser título executivo extrajudicial *"o crédito, documentalmente comprovado, decorrente de aluguel de imóvel, bem como de encargos acessórios, tais como taxas e despesas de condomínio"*. Essa era a redação do dispositivo, determinada pela Lei nº 11.382/2006, substituindo a antiga previsão de que era título executivo extrajudicial o *"aluguel ou renda de imóvel, bem como encargo de condomínio desde que comprovado por contrato escrito"*.

Durante a vigência do CPC-1973, havia uma polêmica a respeito da abrangência do dispositivo. Questionava-se se ele também permitia que o *condomínio* executasse o *condômino*. Se este não pagasse os encargos devidos, o condomínio deveria propor uma ação de conhecimento, pelo rito sumário (CPC-1973, art. 275, II, *b*), a fim de obter o título executivo para, somente então, executá-lo, ou já poderia promover a execução, fundando-se no inciso V do art. 585 do CPC-1973?[2]

O CPC-2015, no seu art. 784, X, elimina qualquer polêmica e deixa evidente que cabe, sim, a execução proposta por condomínio contra condômino, pois há ali um título executivo extrajudicial.

---

[1] Ob. cit., p. 61.

[2] Sobre a polêmica, com a opinião de que seria possível a execução do condomínio contra o condômino, conferir DIDIER JR., Fredie; CUNHA, Leonardo Carneiro da; BRAGA, Paula Sarno; OLIVEIRA, Rafael Alexandria de. *Curso de direito processual civil*. 6ª ed. Salvador: JusPodivm, 2014, v. 5, p. 188-190.

Ainda que a certidão prevista no inciso XI e o documento previsto no inciso X, ambos do art. 784 do CPC-2015, tenham sido constituídos durante a vigência do CPC-1973, será possível propor, já na vigência do CPC-2015, a execução fundada em título extrajudicial. Não importa a data, a formação ou constituição do título, mas o momento da propositura da execução. O ato, crédito, documento deve ser título quando do ajuizamento da execução; deve-se observar a lei em vigor no momento em que for proposta a execução.

A esse respeito, cumpre lembrar o Enunciado 527 do Fórum Permanente de Processualistas Civis: *"Os créditos referidos no art. 515, inc. V, e no art. 784, inc. X e XI do CPC-2015 constituídos ao tempo do CPC-1973 são passíveis de execução de título judicial e extrajudicial, respectivamente".*

6.4. MUDANÇAS NO PROCEDIMENTO DO CUMPRIMENTO DE SENTENÇA

O CPC-2015 manteve o modelo instituído pela Lei n° 11.232/2005 no CPC-1973. Significa que, no novo Código, variam os tipos de execução, a depender do título executivo. Se o título for judicial, adota-se a sistemática do cumprimento de sentença, com o procedimento previsto a partir do art. 523 do CPC. Tratando-se de título extrajudicial, a execução mantém a disciplina prevista no Livro que regula o processo de execução. Em cada tipo de execução, o executado pode defender-se. No cumprimento da sentença, a defesa do executado faz-se mediante impugnação (CPC, art. 525). Na execução de título extrajudicial, o executado defende-se pelos embargos à execução (CPC, arts. 914 e 915).

Condenado ao pagamento de quantia certa ou já fixada em liquidação, cabe ao devedor efetuar o pagamento no prazo de 15 (quinze) dias, depois de intimado a partir de requerimento formulado pelo credor. Não efetuado o pagamento nesse prazo, o valor da condenação será acrescido de multa de 10% (dez por cento) e, independentemente de nova intimação, já tem início outro prazo de 15 (quinze) dias para o oferecimento de impugnação.

Não é necessária penhora nem garantia do juízo para o oferecimento da impugnação. A penhora não constitui requisito necessário e suficiente ao ajuizamento da impugnação; deve ser ajuizada no prazo legal, sob pena de preclusão.

Decorrido prazo de 15 (quinze) dias para pagamento voluntário, sem que este seja realizado, já se inicia novo prazo de 15 (quinze) dias, sem a necessidade de nova intimação, para que o executado apresente sua impugnação. Intimado numa das formas previstas no § 2º do art. 513 do CPC, o executado terá 30 (trinta) dias para apresentar sua impugnação. Em outras palavras, a impugnação pode ser apresentada em até 30 (trinta) dias, a contar da intimação feita ao executado numa das formas previstas no § 2º do art. 513 do CPC. O primeiro período de quinze dias destina-se ao pagamento. Não efetuado este, tem início automaticamente o prazo de mais 15 (quinze) dias para o oferecimento da impugnação.

Não é ocioso lembrar que tais prazos são contados em dias úteis, nos termos do art. 219 do CPC.

Se houver mais de um executado com procuradores diferentes, de escritórios de advocacia distintos, o prazo para impugnação será contado em dobro (CPC, art. 229), sendo certo que a contagem em dobro não se aplica se o cumprimento da sentença tramitar em autos eletrônicos (CPC, art. 229, § 2º).

No CPC-1973, seu art. 475-J estabelecia que o executado tinha 15 (quinze) dias para efetuar o pagamento, sob pena de multa de 10% (dez por cento). Passado esse prazo sem pagamento, o juiz deveria aguardar requerimento do exequente para determinar a realização de penhora. Feita a penhora, o executado seria intimado para, então, impugnar o cumprimento da sentença em 15 (quinze) dias.

Há, como se vê, uma diferença procedimental no cumprimento de sentença previsto no Código revogado para o cumprimento de sentença regulado pelo novo Código. No CPC-2015, os dois prazos de 15 (quinze) dias são sucessivos: terminado um já se inicia o outro. No CPC-1973, o segundo prazo somente teria início depois de feita a intimação da penhora; era preciso que houvesse penhora e, depois, intimação do executado para, somente então, ter início o segundo prazo de 15 (quinze) dias.

Assim, terminado, na vigência do CPC-1973, o primeiro prazo de 15 (quinze) dias (destinado ao pagamento do valor a que fora condenado o executado), não será mais possível aplicar o novo Código quando de sua entrada em vigor. Se aquele prazo já se encerrou, o executado deve aguardar a intimação para o início do segundo prazo de 15 (quinze) dias (destinado ao oferecimento da impugnação)[3].

---

[3] Nesse sentido, o Enunciado 530 do Fórum Permanente de Processualistas Civis: "Após a entrada em vigor do CPC-2015, o juiz deve intimar o executado para apresentar impugnação ao cumprimento de sentença, em quinze dias, ainda que sem depósito, penhora ou caução, caso tenha transcorrido o prazo para cumpri-

Se não teve início qualquer prazo, nem o primeiro, nem o segundo, e o novo Código entrou em vigor, os 2 (dois) prazos terão início já na vigência do CPC-2015, aplicando as regras nele previstas: os dois prazos serão sucessivos; terminado um, começa o outro, independentemente de intimação do executado. Em outras palavras, o segundo prazo (destinado à apresentação de impugnação) tem início assim que terminado o primeiro prazo (destinado ao pagamento), sem que seja necessária intimação do executado.

Caso, porém, o novo Código entre em vigor quando já em curso o primeiro prazo de 15 (quinze) dias (destinado ao pagamento), mas ainda não encerrado, a nova regra aplica-se imediatamente: encerrado o primeiro prazo, o segundo (agora destinado à apresentação de impugnação) já tem início, independentemente de intimação do executado ou de garantia do juízo.

6.5. MULTA E HONORÁRIOS NO CUMPRIMENTO PROVISÓRIO DE SENTENÇA

Interpretando os textos normativos do CPC-1973, o Superior Tribunal de Justiça firmou o entendimento segundo o qual a multa de 10% (dez por cento) pelo inadimplemento da condenação imposta na sentença não incide na execução provisória[4].

De igual modo, o STJ entendeu que, na execução provisória, não há honorários de sucumbência. Com efeito, na época em que vigorava o CPC-1973, a jurisprudência do STJ consolidou-se *"no sentido de ser incabível, na execução provisória, o arbitramento de honorários advocatícios em favor do exequente e a incidência da multa prevista no art. 475-J do CPC"*[5].

O art. 520, § 2º, do CPC-2015 dispõe que *"A multa e os honorários a que se refere o § 1º do art. 523 são devidos no cumprimento provisório de sentença condenatória ao pagamento de quantia certa"*.

Como se vê, com o novo Código, passam a incidir, no cumprimento provisório da sentença, uma multa e honorários de advogado, considerados

---

mento espontâneo da obrigação na vigência do CPC-1973 e não tenha àquele tempo garantido o juízo".

[4] STJ, 2ª Turma, REsp 1.100.658/SP, rel. Min. Humberto Martins, j. 7.5.2009, *DJe* 21.5.2009; STJ, 4ª Turma, AgRg no REsp 1.181.611/RS, rel. Min. Raul Araújo, j. 5.2.2013, *DJe* 4.3.2013.

[5] STJ, 4ª Turma, AgRg no AREsp 356.642/RS, rel. Min. Antonio Carlos Ferreira, j. 9.12.2014, *DJe* 12.12.2014.

indevidos durante a vigência do antigo Código. É preciso, então, investigar a aplicação intertemporal dessas novas regras.

O entendimento do STJ, vale repetir, considerava incompatível a multa de 10% (dez por cento) com a sistemática do cumprimento provisório da sentença. Ora, se não incidia a multa, então o executado não era intimado para pagar no prazo de 15 (quinze) dias. O cumprimento provisório já se iniciava sem aquele prazo inicial de 15 (quinze) dias para pagamento. Requerido o cumprimento provisório, o juiz já determinava a realização de penhora. Feita esta, o executado seria intimado para apresentar sua impugnação.

Se, ainda na vigência do CPC-1973, o juiz já determinou a realização de penhora e esta já foi realizada, não há mais como reabrir o prazo de 15 (quinze) dias para pagamento, não havendo mais como incidir a multa de 10% (dez por cento). Sobrevindo o novo Código, não há mais como retroagir para desconsiderar a determinação de penhora, nem para desfazê-la, sob pena de atingir ato jurídico perfeito e direito adquirido. Se, porém, o juiz ainda não despachou, não ordenando a realização de penhora, deverá, agora na vigência do novo Código, ainda que o requerimento de cumprimento provisório da sentença tenha sido feito sob a vigência do Código revogado, determinar que o executado seja intimado para depositar o valor no prazo de 15 (quinze) dias, sob pena de multa de 10% (dez por cento).

Apresentado o requerimento sob a vigência do CPC revogado, não é possível fazer incidir honorários. Não havia, no regime anterior, previsão de honorários de advogado no cumprimento provisório da sentença. Logo, não é possível impor honorários nesse caso. Os honorários somente serão devidos nos cumprimentos provisórios requeridos já na vigência do novo Código, sob pena de aplicação retroativa do § 2º do art. 520 do novo Código.

6.6. PENHORA DE DINHEIRO E IMPUGNAÇÃO DO EXECUTADO AO BLOQUEIO DE ATIVOS

Para que se determine a penhora *on-line*, é preciso que haja requerimento do exequente. Noutros termos, a penhora *on-line* não pode ser determinada de ofício, devendo ser requerida pelo exequente. O art. 655-A do CPC-1973 assim dispunha:

> Art. 655-A. Para possibilitar a penhora de dinheiro em depósito ou aplicação financeira, o juiz, a requerimento do exequente, requisitará à autoridade supervisora do sistema bancário, preferencialmente por meio eletrônico, informações sobre a existência de ativos em nome do executado, podendo no mesmo ato determinar sua indisponibilidade, até o valor indicado na execução.

O art. 854 do CPC-2015 manteve a previsão, acrescentando que, antes mesmo de ocorrer a penhora de dinheiro em depósito ou em aplicação financeira, o juiz, a requerimento do exequente, *sem dar ciência prévia do ato ao executado*, determinará o bloqueio dos valores a serem penhorados, tornando-os indisponíveis.

Ainda nos termos do art. 854 do CPC-2015, tornados indisponíveis os ativos financeiros do executado – e ainda antes de haver propriamente a penhora –, este será intimado, na pessoa de seu advogado, ou, caso não o tenha, pessoalmente, para, no prazo de 5 (cinco) dias, comprovar que (a) as quantias tornadas indisponíveis são impenhoráveis; ou (b) ainda permanece indisponibilidade excessiva de ativos financeiros. Acolhida qualquer uma dessas arguições, o juiz determinará o cancelamento da indisponibilidade irregular ou excessiva, a ser cumprido pela instituição financeira em 24 (vinte e quatro) horas. Se, porém, for rejeitada a manifestação do executado ou se ele não se manifestar naquele prazo de 5 (cinco) dias, a indisponibilidade será convertida em penhora, sem necessidade de lavratura de termo, devendo o juiz determinar à instituição financeira depositária que, no prazo de 24 (vinte e quatro) horas, transfira o montante indisponível para conta vinculada ao juízo da execução.

Da decisão que rejeitar a manifestação do executado cabe agravo de instrumento (CPC, art. 1.015, par. ún.). Mantida a rejeição, não é mais possível ao executado insurgir-se contra a penhora de dinheiro realizada, tendo a decisão se estabilizado. De igual modo, não havendo manifestação do executado, não lhe será mais possível questionar a penhora em dinheiro: terá havido preclusão temporal. Não questionada, no prazo de 5 (cinco) dias (CPC, art. 854, § 3º), a indisponibilidade dos valores mantidos em depósito ou aplicação financeira, haverá sua conversão em penhora, operando-se a preclusão para se questionar o excesso da penhora ou a impenhorabilidade dos valores constritos.

Se, ao entrar em vigor o novo Código, o juiz já tiver determinado a penhora *on-line* e ela já tiver sido realizada, sem que se tenha ainda iniciado o prazo para impugnação (no cumprimento de sentença) ou embargos (na execução fundada em título extrajudicial), cabe-lhe aplicar imediatamente a nova regra e determinar a intimação do executado para que ele se manifeste no prazo de 5 (cinco) dias, aplicando-se o disposto no art. 854, § 3º, do CPC-2015. A aplicação imediata se impõe, sem que haja qualquer atingimento a ato jurídico perfeito, a direito adquirido ou a coisa julgada.

A nova regra igualmente se aplica se o juiz ainda não tiver determinado o bloqueio dos ativos ou depósitos ou se, ainda que tenha determinado, não tiver sido efetivado.

Só não será aplicada a nova regra se já tiver iniciado o prazo para apresentação de impugnação ao cumprimento de sentença pelo executado, pois é ali que ele deve alegar a impenhorabilidade ou o excesso; já terá, aliás, o bloqueio sido convertido em penhora.

No caso da execução fundada em título extrajudicial, os embargos, no CPC-1973, a partir das mudanças levadas a efeito em 2006, já não dependiam da garantia do juízo. Logo, o simples fato de já ter iniciado o prazo para embargos não afasta a aplicação imediata do art. 854, § 3º, do CPC-2015. Mesmo que o prazo já tenha início ou ainda que já se tenham apresentado embargos à execução, é possível que o bloqueio de depósitos em dinheiro ou de ativos financeiros seja feito posteriormente. Caso assim ocorra, o executado haverá de ser intimado para manifestar-se nos termos do citado art. 854, § 3º, do novo Código.

CPC-2015	CPC-1973
Art. 854. Para possibilitar a penhora de dinheiro em depósito ou em aplicação financeira, o juiz, a requerimento do exequente, sem dar ciência prévia do ato ao executado, determinará às instituições financeiras, por meio de sistema eletrônico gerido pela autoridade supervisora do sistema financeiro nacional, que torne indisponíveis ativos financeiros existentes em nome do executado, limitando-se a indisponibilidade ao valor indicado na execução.	Art. 655-A. Para possibilitar a penhora de dinheiro em depósito ou aplicação financeira, o juiz, a requerimento do exequente, requisitará à autoridade supervisora do sistema bancário, preferencialmente por meio eletrônico, informações sobre a existência de ativos em nome do executado, podendo no mesmo ato determinar sua indisponibilidade, até o valor indicado na execução.
§ 1º No prazo de 24 (vinte e quatro) horas a contar da resposta, de ofício, o juiz determinará o cancelamento de eventual indisponibilidade excessiva, o que deverá ser cumprido pela instituição financeira em igual prazo.	Sem correspondente no CPC-1973.
§ 2º Tornados indisponíveis os ativos financeiros do executado, este será intimado na pessoa de seu advogado ou, não o tendo, pessoalmente.	Sem correspondente no CPC-1973.

CPC-2015	CPC-1973
§ 3° Incumbe ao executado, no prazo de 5 (cinco) dias, comprovar que: I – as quantias tornadas indisponíveis são impenhoráveis;	§ 2° Compete ao executado comprovar que as quantias depositadas em conta-corrente referem-se à hipótese do inciso IV do *caput* do art.649 desta Lei ou que estão revestidas de outra forma de impenhorabilidade.
II – ainda remanesce indisponibilidade excessiva de ativos financeiros.	Sem correspondente no CPC-1973.
§ 4° Acolhida qualquer das arguições dos incisos I e II do § 3°, o juiz determinará o cancelamento de eventual indisponibilidade irregular ou excessiva, a ser cumprido pela instituição financeira em 24 (vinte e quatro) horas.	Sem correspondente no CPC-1973.
§ 5° Rejeitada ou não apresentada a manifestação do executado, converter-se-á a indisponibilidade em penhora, sem necessidade de lavratura de termo, devendo o juiz da execução determinar à instituição financeira depositária que, no prazo de 24 (vinte e quatro) horas, transfira o montante indisponível para conta vinculada ao juízo da execução.	Sem correspondente no CPC-1973.
§ 6° Realizado o pagamento da dívida por outro meio, o juiz determinará, imediatamente, por sistema eletrônico gerido pela autoridade supervisora do sistema financeiro nacional, a notificação da instituição financeira para que, em até 24 (vinte e quatro) horas, cancele a indisponibilidade.	Sem correspondente no CPC-1973.
§ 7° As transmissões das ordens de indisponibilidade, de seu cancelamento e de determinação de penhora, previstas neste artigo far-se-ão por meio de sistema eletrônico gerido pela autoridade supervisora do sistema financeiro nacional.	Sem correspondente no CPC-1973.
§ 8° A instituição financeira será responsável pelos prejuízos causados ao executado em decorrência da indisponibilidade de ativos financeiros em valor superior ao indicado na execução ou pelo juiz, bem como na hipótese de não cancelamento da indisponibilidade no prazo de 24 (vinte e quatro) horas, quando assim determinar o juiz.	Sem correspondente no CPC-1973.

Capítulo 6 • CUMPRIMENTO DE SENTENÇA E EXECUÇÃO DE TÍTULO EXTRAJUDICIAL | **113**

CPC-2015	CPC-1973
§ 9º Quando se tratar de execução contra partido político, o juiz, a requerimento do exequente, determinará às instituições financeiras, por meio de sistema eletrônico gerido por autoridade supervisora do sistema bancário, que tornem indisponíveis ativos financeiros somente em nome do órgão partidário que tenha contraído a dívida executada ou que tenha dado causa à violação de direito ou ao dano, ao qual cabe exclusivamente a responsabilidade pelos atos praticados, na forma da lei.	§ 4º Quando se tratar de execução contra partido político, o juiz, a requerimento do exequente, requisitará à autoridade supervisora do sistema bancário, nos termos do que estabelece o *caput* deste artigo, informações sobre a existência de ativos tão somente em nome do órgão partidário que tenha contraído a dívida executada ou que tenha dado causa a violação de direito ou ao dano, ao qual cabe exclusivamente a responsabilidade pelos atos praticados, de acordo com o disposto no art. 15-A da Lei 9.096, de 19 de setembro de 1995.

6.7. MEIOS DESTINADOS A POSTULAR A INVALIDAÇÃO DA ARREMATAÇÃO

Assinado o respectivo auto pelo juiz, pelo arrematante e pelo leiloeiro, a arrematação será considerada perfeita, acabada e irretratável (CPC, art. 903). O aperfeiçoamento da arrematação deixa-a imune a ataques, impugnações ou questionamentos. Ela pode, porém, ser invalidada quando realizada por preço vil ou quando tiver algum outro vício intrínseco (CPC, art. 903, § 1º, I), a exemplo de quando for realizada por pessoa impedida de participar do leilão (CPC, art. 890). Os vícios no procedimento, ou vícios extrínsecos, ou erros no edital não invalidam a arrematação.

O vício intrínseco da arrematação pode ser alegado em até 10 (dez) dias após o seu aperfeiçoamento por simples petição nos próprios autos da execução (CPC, art. 903, § 2º). Recebida a petição, o juiz, em atenção ao contraditório (CPC, arts. 9º e 10), deverá determinar a intimação dos interessados, sobretudo do arrematante, para que se manifestem a respeito. Não há previsão legal quanto ao prazo para essa manifestação. O juiz deve, então, fixar o prazo (CPC, art. 218, § 1º); caso não o faça, será de 5 (cinco) dias (CPC, art. 218, § 3º)[6].

---

[6]   Luís Guilherme Aidar Bondioli, invocando o princípio da isonomia, defende que o prazo para manifestação deve ser de 10 (dez) dias ("Comentários ao art. 903". In: CABRAL, Antonio do Passo; CRAMER, Ronaldo (coords.). *Comentários ao novo Código de Processo Civil*. Rio de Janeiro: Forense, 2015, n. 3, p. 1.275). Na verdade, só será de 10 (dez) dias se o juiz assim fixar. Se ele nada disser, aplica-se o § 3º do art. 218 do CPC, sendo o prazo de 5 (cinco) dias.

Se, porém, a carta de arrematação ou ordem de entrega já tiver sido expedida, a validade da arrematação somente poderá ser questionada por ação autônoma, em cujo processo o arrematante figurará como litisconsorte passivo necessário (CPC, art. 903, § 4º). De todo modo, questionada a arrematação, garante-se ao arrematante o direito de dela desistir, mesmo após seu aperfeiçoamento (CPC, art. 903, § 5º, II e III).

Tudo isso está a demonstrar, portanto, que não existem mais os *embargos à arrematação* ou *embargos de segunda fase* que estavam previstos no art. 746 do CPC-1973. Quem pretenda impugnar a arrematação deve fazê-lo por simples petição a ser apresentada no prazo de 10 (dez) dias a contar do aperfeiçoamento da arrematação ou, se já tiver sido expedida a carta de arrematação ou da ordem de entrega, deve propor ação autônoma, promovendo a citação do arrematante na qualidade de litisconsorte passivo necessário.

No CPC-1973, o executado defendia-se por meio de embargos à execução. Existia, ademais, a possibilidade de embargos de segunda fase. Nos termos do seu art. 746, o executado poderia, no prazo de 5 (cinco) dias, contados da adjudicação, alienação ou arrematação, oferecer embargos fundados em nulidade da execução ou em causa extintiva da obrigação, desde que superveniente à penhora.

O prazo de 5 (cinco) dias para o ajuizamento dos embargos de segunda fase tinha início a partir da assinatura do auto de adjudicação (CPC-1973, art. 685-B), do termo de alienação (CPC-1973, art. 685-C, § 2º) e do auto de arrematação (CPC-1973, art. 694).

Se a adjudicação, a alienação ou a arrematação já ocorreu durante a vigência do CPC-1973, a parte adquiriu o direito aos embargos de segunda fase previstos no seu art. 746. A superveniência do novo Código não pode suprimir da parte o direito aos embargos. A nova forma de postular a invalidade de um desses meios expropriatórios, prevista no CPC-2015, somente pode ser utilizada nos casos em que a adjudicação, a alienação ou a arrematação ocorra já durante a sua vigência.

Aplicar o novo Código a casos em que já tenha havido, durante a vigência do Código revogado, a adjudicação, a alienação ou a arrematação constitui uma inadmissível retroação, para alcançar direito adquirido processual.

Capítulo 6 • CUMPRIMENTO DE SENTENÇA E EXECUÇÃO DE TÍTULO EXTRAJUDICIAL | 115

CPC-2015	CPC-1973
Art. 903. Qualquer que seja a modalidade de leilão, assinado o auto pelo juiz, pelo arrematante e pelo leiloeiro, a arrematação será considerada perfeita, acabada e irretratável, ainda que venham a ser julgados procedentes os embargos do executado ou a ação autônoma de que trata o § 4º deste artigo, assegurada a possibilidade de reparação pelos prejuízos sofridos.	**Art. 694.** Assinado o auto pelo juiz, pelo arrematante e pelo serventuário da justiça ou leiloeiro, a arrematação considerar-se-á perfeita, acabada e irretratável, ainda que venham a ser julgados procedentes os embargos do executado.
§ 1º Ressalvadas outras situações previstas neste Código, a arrematação poderá, no entanto, ser:	§ 1º A arrematação poderá, no entanto, ser tornada sem efeito:
I – invalidada, quando realizada por preço vil ou com outro vício;	I – por vício de nulidade; V – quando realizada por preço vil (art. 692);
II – considerada ineficaz, se não observado o disposto no art. 804;	III – quando o arrematante provar, nos 5 (cinco) dias seguintes, a existência de ônus real ou de gravame (art. 686, inciso V) não mencionado no edital;
III – resolvida, se não for pago o preço ou se não for prestada a caução.	II – se não for pago o preço ou se não for prestada a caução;
§ 2º O juiz decidirá acerca das situações referidas no § 1º, se for provocado em até 10 (dez) dias após o aperfeiçoamento da arrematação.	Sem correspondente no CPC-1973.
§ 3º Passado o prazo previsto no § 2º sem que tenha havido alegação de qualquer das situações previstas no § 1º, será expedida a carta de arrematação e, conforme o caso, a ordem de entrega ou mandado de imissão na posse.	Sem correspondente no CPC-1973.
§ 4º Após a expedição da carta de arrematação ou da ordem de entrega, a invalidação da arrematação poderá ser pleiteada por ação autônoma, em cujo processo o arrematante figurará como litisconsorte necessário.	Sem correspondente no CPC-1973.

CPC-2015	CPC-1973
§ 5º O arrematante poderá desistir da arrematação, sendo-lhe imediatamente devolvido o depósito que tiver feito:	Sem correspondente no CPC-1973.
I – se provar, nos 10 (dez) dias seguintes, a existência de ônus real ou gravame não mencionado no edital;	**Art. 694, § 1º** A arrematação poderá, no entanto, ser tornada sem efeito: III – quando o arrematante provar, nos 5 (cinco) dias seguintes, a existência de ônus real ou de gravame (art. 686, inciso V) não mencionado no edital;
II – se, antes de expedida a carta de arrematação ou a ordem de entrega, o executado alegar alguma das situações previstas no § 1º;	Sem correspondente no CPC-1973.
III – uma vez citado para responder a ação autônoma de que trata o § 4º deste artigo, desde que apresente a desistência no prazo de que dispõe para responder a essa ação.	Sem correspondente no CPC-1973.
§ 6º Considera-se ato atentatório à dignidade da justiça a suscitação infundada de vício com o objetivo de ensejar a desistência do arrematante, devendo o suscitante ser condenado, sem prejuízo da responsabilidade por perdas e danos, ao pagamento de multa, a ser fixada pelo juiz e devida ao exequente, em montante não superior a vinte por cento do valor atualizado do bem.	**Art. 601.** Nos casos previstos no artigo anterior, o devedor incidirá em multa fixada pelo juiz, em montante não superior a 20 (vinte) por cento do valor atualizado do débito em execução, sem prejuízo de outras sanções de natureza processual ou material, multa essa que reverterá em proveito do credor, exigível na própria execução. # Artigo relacionado do CPC-1973 # **Art. 600.** Considera-se atentatório à dignidade da Justiça o ato do executado que:

6.8. PROTESTO DE DECISÃO JUDICIAL TRANSITADA EM JULGADO

O art. 517 do CPC-2015 prevê a possibilidade do protesto do título executivo judicial[7]. O texto normativo refere-se a "decisão judicial

---

[7] Sobre o tema, consultar, com proveito, AZEVEDO, Gustavo Henrique Trajano de; MACÊDO, Lucas Buril de. "Protesto de decisão judicial". *Revista de Processo*. São Paulo: RT, v. 244, jun. 2015, p. 323-344.

Capítulo 6 • CUMPRIMENTO DE SENTENÇA E EXECUÇÃO DE TÍTULO EXTRAJUDICIAL | **117**

transitada em julgado". Não é possível, porém, levar a protesto *qualquer* decisão judicial, somente aquela transitada em julgado que constitua título executivo.

O protesto constitui medida coercitiva indireta para forçar o pagamento de quantia certa. Observe-se, aliás, que o *caput* do art. 517 estabelece que a decisão será levada a protesto *"depois de transcorrido o prazo para pagamento voluntário previsto no art. 523"*. Ora, tal prazo refere-se ao cumprimento da sentença de decisões que reconhecem obrigações de pagar quantia. Desse modo, o protesto está legalmente previsto apenas para tal tipo de decisão judicial.

Não havia, no CPC-1973, dispositivo equivalente. Isso, contudo, não impedia, à época em que vigorava aquele Código, que se levasse a protesto a sentença transitada em julgado. Com efeito, o STJ, sob a égide do CPC-1973, já entendia ser *"possível o protesto da sentença condenatória, transitada em julgado, que represente obrigação pecuniária líquida, certa e exigível"*[8]. Conforme registrado em outro precedente do STJ, *"A jurisprudência desta Corte é assente no sentido de ser possível o protesto da sentença condenatória, transitada em julgado, que represente obrigação pecuniária líquida, certa e exigível"*[9].

Não há, essencialmente, uma inovação. A novidade é a existência, a partir do CPC-2015, de uma disciplina específica que regula o protesto da decisão transitada em julgado, com fixação de requisitos e estabelecimento de limites e parâmetros a serem observados, trazendo, assim, maior segurança na sua adoção.

Assim, mesmo que a sentença tenha sido proferida e transitado em julgado durante a vigência do CPC-1973, poderá, já na vigência do CPC-2015, ser levada a protesto. Não há qualquer restrição ou retroação indevida.

---

[8] STJ, 3ª Turma, REsp 750.805/RS, rel. Min. Humberto Gomes de Barros, j. 14.2.2008, *DJe* 16.6.2009.

[9] STJ, 3ª Turma, AgRg no AREsp 291.608/RS, rel. Min. Ricardo Villas Bôas Cueva, j. 22.10.2013, *DJe* 28.10.2013.

CPC-2015	CPC-1973
Art. 517. A decisão judicial transitada em julgado poderá ser levada a protesto, nos termos da lei, depois de transcorrido o prazo para pagamento voluntário previsto no art. 523.	Sem correspondente no CPC-1973.
§ 1º Para efetivar o protesto, incumbe ao exequente apresentar certidão de teor da decisão.	Sem correspondente no CPC-1973.
§ 2º A certidão de teor da decisão deverá ser fornecida no prazo de 3 (três) dias e indicará o nome e a qualificação do exequente e do executado, o número do processo, o valor da dívida e a data de decurso do prazo para pagamento voluntário.	Sem correspondente no CPC-1973.
§ 3º O executado que tiver proposto ação rescisória para impugnar a decisão exequenda pode requerer, a suas expensas e sob sua responsabilidade, a anotação da propositura da ação à margem do título protestado.	Sem correspondente no CPC-1973.
§ 4º A requerimento do executado, o protesto será cancelado por determinação do juiz, mediante ofício a ser expedido ao cartório, no prazo de 3 (três) dias, contado da data de protocolo do requerimento, desde que comprovada a satisfação integral da obrigação.	Sem correspondente no CPC-1973.

Capítulo 7

DIREITO INTERTEMPORAL EM REMESSA NECESSÁRIA

Assista ao **vídeo 7** com considerações introdutórias referentes a este capítulo.

Instruções na primeira orelha do livro.

7.1. A REMESSA NECESSÁRIA NO CPC-2015

O CPC-2015 adotou o termo *remessa necessária*, que também pode ser chamada de reexame necessário, remessa obrigatória ou duplo grau de jurisdição obrigatório. O termo *remessa necessária* é adotado de modo uniforme, sendo referido nos arts. 936, 942, § 4º, II, 947, 978, parágrafo único, e 1.040, II, todos do CPC.

Houve, então, uma mudança terminológica. O reexame necessário ou duplo grau de jurisdição obrigatório passa a ser denominado, no CPC-2015, remessa necessária.

O CPC-2015, em seu art. 496, estabelece estar sujeita ao duplo grau de jurisdição, não produzindo efeitos senão depois de confirmada pelo tribunal, a sentença (I) proferida contra a União, o Estado, o Distrito Federal, o Município e as respectivas autarquias e fundações de direito público; (II) que julgar procedentes, no todo ou em parte, os embargos à execução fiscal[1].

Não obstante a existência de opiniões doutrinárias em sentido contrário, a remessa necessária tem natureza recursal; trata-se de um recurso de ofício[2]. Logo, aplica-se a lei em vigor no momento em que for proferida a sentença, tal como explicado no item 8.1, *infra*.

---

[1] Para mais detalhes sobre a remessa necessária no CPC-2015, consultar CUNHA, Leonardo Carneiro da. *A Fazenda Pública em juízo*. 13ª ed. Rio de Janeiro: Forense, 2016, p. 177-201; DIDIER JR., Fredie; CUNHA, Leonardo Carneiro da. *Curso de direito processual civil*. 13ª ed. Salvador: JusPodivm, 2016, v. 3, p. 397-417.

[2] Para mais detalhes sobre o tema, conferir CUNHA, Leonardo Carneiro da. *A Fazenda Pública em juízo*, cit., p. 177-201; DIDIER JR., Fredie; CUNHA, Leonardo Carneiro da. *Curso de direito processual civil*, cit., p. 397-417.

CPC-2015	CPC-1973
Seção III – Da Remessa Necessária	Sem correspondente no CPC 1973
Art. 496. Está sujeita ao duplo grau de jurisdição, não produzindo efeito senão depois de confirmada pelo tribunal, a sentença:	Art. 475. Está sujeita ao duplo grau de jurisdição, não produzindo efeito senão depois de confirmada pelo tribunal, a sentença:
I – proferida contra a União, os Estados, o Distrito Federal, os Municípios e suas respectivas autarquias e fundações de direito público;	I – proferida contra a União, o Estado, o Distrito Federal, o Município, e as respectivas autarquias e fundações de direito público;
II – que julgar procedentes, no todo ou em parte, os embargos à execução fiscal.	II – que julgar procedentes, no todo ou em parte, os embargos à execução de dívida ativa da Fazenda Pública (art. 585, VI).
§ 1º Nos casos previstos neste artigo, não interposta a apelação no prazo legal, o juiz ordenará a remessa dos autos ao tribunal; e se não o fizer, o presidente do respectivo tribunal avocá-los-á.	§ 1º Nos casos previstos neste artigo, o juiz ordenará a remessa dos autos ao tribunal, haja ou não apelação; não o fazendo, deverá o presidente do tribunal avocá-los.
§ 2º Em qualquer dos casos referidos no § 1º, o tribunal julgará a remessa necessária.	Sem correspondente no CPC 1973
§ 3º Não se aplica o disposto neste artigo quando a condenação ou o proveito econômico obtido na causa for de valor certo e líquido inferior a:	§ 2º Não se aplica o disposto neste artigo sempre que a condenação, ou o direito controvertido, for de valor certo não excedente a sessenta salários mínimos, bem como no caso de procedência dos embargos do devedor na execução de dívida ativa do mesmo valor.
I – 1.000 (mil) salários-mínimos para a União e as respectivas autarquias e fundações de direito público;	
II – 500 (quinhentos) salários-mínimos para os Estados, o Distrito Federal, as respectivas autarquias e fundações de direito público e os Municípios que constituam capitais dos Estados;	
III – 100 (cem) salários-mínimos para todos os demais municípios e respectivas autarquias e fundações de direito público.	

CPC-2015	CPC-1973
§ 4º Também não se aplica o disposto neste artigo quando a sentença estiver fundada em:	§ 3º Também não se aplica o disposto neste artigo quando a sentença estiver fundada em jurisprudência do plenário do Supremo Tribunal Federal ou em súmula deste Tribunal ou do tribunal superior competente.
I – súmula de tribunal superior;	
II – acórdão proferido pelo Supremo Tribunal Federal ou pelo Superior Tribunal de Justiça em julgamento de recursos repetitivos;	Sem correspondente no CPC 1973
III – entendimento firmado em incidente de resolução de demandas repetitivas ou de assunção de competência;	Sem correspondente no CPC 1973
IV – entendimento coincidente com orientação vinculante firmada no âmbito administrativo do próprio ente público, consolidada em manifestação, parecer ou súmula administrativa.	Sem correspondente no CPC 1973

7.2. REMESSA NECESSÁRIA E A EXTENSÃO DA COISA JULGADA À QUESTÃO PREJUDICIAL INCIDENTAL

No Capítulo IX, pode-se ver que o CPC-2015 instituiu dois regimes jurídicos de coisa julgada: (a) o regime comum, aplicável à coisa julgada relativa às questões principais; (b) o regime especial, aplicável à coisa julgada das questões prejudiciais incidentais.

O regime diferenciado caracteriza-se pela exigência de preenchimento de alguns pressupostos específicos, previstos nos parágrafos do art. 503 do CPC.

CPC-2015	CPC-1973
Art. 503. A decisão que julgar total ou parcialmente o mérito tem força de lei nos limites da questão principal expressamente decidida.	Art. 468. A sentença, que julgar total ou parcialmente a lide, tem força de lei nos limites da lide e das questões decididas.

CPC-2015	CPC-1973
§ 1º O disposto no *caput* aplica-se à resolução de questão prejudicial, decidida expressa e incidentemente no processo, se:	Art. 470. Faz, todavia, coisa julgada a resolução da questão prejudicial, se a parte o requerer (artigos 5º e 325), o juiz for competente em razão da matéria e constituir pressuposto, necessário para o julgamento da lide.
I – dessa resolução depender o julgamento do mérito;	Sem correspondente no CPC 1973
II – a seu respeito tiver havido contraditório prévio e efetivo, não se aplicando no caso de revelia;	Sem correspondente no CPC 1973
III – o juízo tiver competência em razão da matéria e da pessoa para resolvê-la como questão principal.	Sem correspondente no CPC 1973
§ 2º A hipótese do § 1º não se aplica se no processo houver restrições probatórias ou limitações à cognição que impeçam o aprofundamento da análise da questão prejudicial.	Sem correspondente no CPC 1973

O rol dos pressupostos do art. 503 não é, porém, exaustivo. É que, sendo hipótese de cabimento de remessa necessária, a coisa julgada, comum ou especial, somente se produz caso a decisão seja remetida ao respectivo tribunal. Sem isso, não há coisa julgada. Não poderia ser diferente em relação à coisa julgada diferenciada, nada obstante o silêncio dos parágrafos do art. 503. Assim, é preciso compreender como se houvesse, no rol do § 1º do art. 503, outro inciso, assim redigido: "observada a remessa necessária, quando for o caso".

A coisa julgada sobre questão prejudicial decidida expressa e incidentemente somente se aplica aos processos iniciados após a vigência do CPC-2015, tal como estabelece seu art. 1.054. Logo, não há remessa necessária em relação a casos anteriores. A remessa necessária de sentença que decida questão prejudicial contrária à Fazenda Pública somente deve ser feita nos processos instaurados a partir do início de vigência do novo Código.

7.3. DISPENSA DA REMESSA NECESSÁRIA. NOVAS HIPÓTESES PREVISTAS NO CPC-2015

Os §§ 3º e 4º do art. 496 do CPC preveem casos em que a remessa necessária haverá de ser dispensada pelo juiz.

A primeira hipótese de dispensa ocorre nos casos em que a condenação, ou o direito controvertido, for de *valor certo e líquido* inferior a 1.000 (mil) salários mínimos para a União e suas autarquias e fundações, a 500 (quinhentos) salários mínimos para os Estados, o Distrito Federal, os Municípios que constituam capitais dos Estados e suas respectivas autarquias e fundações e a 100 (cem) salários mínimos para todos os demais Municípios e suas autarquias e fundações.

O montante não excedente a tais limites deve ser considerado no momento em que a sentença for proferida. Ainda que o valor atribuído à causa, quando de sua propositura, fosse superior ao seu respectivo limite, o que deve ser levado em conta é o quanto representa a condenação no momento do julgamento.

Estão, de igual modo, excluídas da remessa necessária as sentenças de procedência proferidas nos embargos à execução fiscal, cujo valor ou proveito econômico, à época da sentença, atualizado monetariamente e acrescido de juros e demais encargos, seja inferior aos limites previstos no § 3º do art. 496 do CPC. Caso haja a reunião de várias execuções por conexão, há de se considerar o valor de cada dívida individualmente.

A remessa necessária somente pode ser dispensada se a sentença for certa e líquida. Aliás, o § 3º do art. 496 do CPC vale-se precisamente da expressão *"valor certo e líquido"*. Sendo ilíquida a sentença, não é possível dispensar a remessa necessária.

A remessa necessária também há de ser dispensada quando a sentença estiver fundada em súmula de tribunal superior ou em entendimento firmado em casos repetitivos. Nos termos do art. 928 do CPC, consideram-se casos repetitivos a decisão proferida em (a) incidente de resolução de demandas repetitivas e em (b) recursos especial e extraordinário repetitivos.

Logo, o inciso II e parte do inciso III do § 4º do art. 496 do CPC poderiam ser resumidos num único inciso, a dizer que se dispensa a remessa necessária quando a sentença estiver fundada em entendimento firmado em casos repetitivos. Ainda se dispensa a remessa necessária quando a sentença estiver fundada em entendimento firmado em assunção de competência, que também produz precedente obrigatório. O inciso IV do § 4º do art. 496 do CPC prevê uma nova hipótese de dispensa da remessa necessária. Segundo a previsão legal, a remessa necessária deve ser dispensada quando a sentença estiver fundada em entendimento coincidente com orientação vinculante firmada no âmbito administrativo do próprio ente público, consolidada em manifestação, parecer ou súmula administrativa. É preciso que haja manifestação expressa, ou parecer, ou súmula administrativa para que seja dispensada a remessa necessária.

Para além dessas hipóteses, se, no âmbito interno da Administração Pública, houver recomendação de não se interpor recurso, tal recomendação vincula os advogados públicos, não devendo haver remessa necessária, que deverá ser dispensada pelo juiz. Em razão do princípio da boa-fé processual e da cooperação, cabe ao advogado público informar ao juiz para que haja expressa dispensa da remessa necessária, evitando-se o encaminhamento desnecessário dos autos ao respectivo tribunal.

Todas essas regras, que consistem em novidades trazidas pelo novo Código, somente se aplicam às sentenças proferidas depois do início de sua vigência. Às sentenças já proferidas antes do início de vigência do CPC--2015 não se aplicam essas novidades. O Código revogado incide quanto à remessa necessária das sentenças proferidas sob sua vigência.

A mudança nas hipóteses de cabimento e dispensa da remessa necessária, feita pelo CPC-2015, não se aplica às sentenças proferidas anteriormente. Vale a regra existente ao tempo da prolação da decisão. Nesse sentido, o Enunciado 311 do Fórum Permanente de Processualistas Civis: *"A regra sobre remessa necessária é aquela vigente ao tempo da publicação em cartório ou disponibilização nos autos eletrônicos da sentença ou, ainda, quando da prolação da sentença em audiência, de modo que a limitação de seu cabimento no CPC não prejudica as remessas determinadas no regime do art. 475 do CPC/1973"*[3].

---

[3] Esse é o entendimento do STJ. Dentre vários precedentes, destacam-se os seguintes: STJ, Corte Especial, EREsp 600.874/SP, rel. Min. José Delgado, j. 1º.8.2006, *DJ* 4.9.2006, p. 201; STJ, 1ª Turma, REsp 1.023.163/SP, rel. Min. Teori Albino Zavascki, j. 6.5.2008, *DJ* 15.5.2008, p. 1. *Em sentido contrário*, entendendo que a superveniência de lei que exclua determinada hipótese de remessa necessária produz efeitos imediatos, inclusive quanto às sentenças anteriormente proferidas, ainda que os autos já estejam no tribunal para que este examine a remessa necessária, LACERDA, Galeno. *O novo direito processual civil e os feitos pendentes*. 2ª ed. Rio de Janeiro: Forense, 2006, p. 62; DINAMARCO, Cândido Rangel. *A reforma da reforma*. São

CAPÍTULO 7 · DIREITO INTERTEMPORAL EM REMESSA NECESSÁRIA | 127

Aplicar novas hipóteses de dispensa de remessa necessária a sentenças anteriormente proferidas consiste em retroação indevida, atentando contra a garantia constitucional da irretroatividade das leis. A nova lei, uma vez aplicada, estaria a atingir ato jurídico perfeito e a repercutir em seus efeitos, prejudicando um direito adquirido do Poder Público.

7.4. PROCEDIMENTO

Na remessa necessária, o tribunal irá analisar *toda* a matéria discutida na causa. Mesmo sendo *parcial* o recurso da Fazenda Pública, a remessa obrigatória será *total*. Determinada a remessa dos autos ou avocados que sejam estes, o procedimento para que o tribunal efetive o reexame da sentença será estabelecido no seu regimento interno.

À remessa necessária aplica-se o art. 935 do CPC, devendo seu julgamento ser *incluído em pauta*, com a antecedência de, pelo menos, 5 (cinco) dias, sob pena de nulidade (Súmula STJ, nº 117). O enunciado 117 da Súmula do STJ refere-se ao prazo de 48 (quarenta e oito) horas, pois era esse o previsto no CPC-1973. No CPC-2015, o prazo foi ampliado para 5 (cinco) dias. Aliás, convém lembrar que tal prazo deve ser contado apenas em dias úteis (CPC, art. 219).

Se a remessa necessária não for julgada na sessão designada, deverá ser novamente incluída em pauta, a não ser que o julgamento tenha sido adiado para a primeira sessão seguinte (CPC, art. 935). O julgamento da remessa necessária terá preferência se assim for solicitado (CPC, art. 936, II).

A remessa necessária pode ser julgada apenas pelo relator, se configurada uma das hipóteses relacionadas no art. 932, IV e V, do CPC-2015 (Súmula STJ, nº 253). O enunciado 253 da Súmula do STJ menciona o art. 557, pois esse era o dispositivo do CPC-1973 equivalente ao art. 932 do CPC-2015. Mantém-se o enunciado sumular, com a ressalva do número do dispositivo.

Paulo: Malheiros, 2002, p. 135; NASSER, Paulo Magalhães. "Considerações sobre o direito intertemporal e o reexame necessário: a supressão de hipótese de reexame necessário exclui a sujeição ao duplo grau de jurisdição de sentenças proferidas antes da vigência da lei nova, mas que ainda aguardam o reexame?". *Revista de Processo*. São Paulo: RT, v. 166, 2008, p. 147-152.

A remessa necessária será julgada, no órgão colegiado, pelo voto de três juízes (CPC, art. 941, § 2º). No procedimento da remessa necessária, não se aplica a técnica de ampliação do colegiado prevista no art. 942 (CPC, art. 942, § 4º, II). Assim, a existência de um voto divergente não impede a prolação imediata do resultado do julgamento.

Todas essas regras aplicam-se imediatamente ao processamento de remessa necessária em curso no tribunal, ainda que se trate de remessa relativa à sentença proferida sob a vigência do Código revogado. As normas procedimentais são aplicadas imediatamente, alcançando os atos futuros, que serão, na cadeia procedimental, ainda praticados.

Logo, ainda que se trate de remessa necessária pendente, relativa à sentença proferida sob a vigência do CPC-1973, todas as regras procedimentais previstas no CPC-2015 devem ser aplicadas, em razão do disposto nos seus arts. 14 e 1.046.

Capítulo 8

DIREITO INTERTEMPORAL NOS RECURSOS

Assista ao **vídeo 8** com considerações introdutórias referentes a este capítulo.

Instruções na primeira orelha do livro.

8.1. DIREITO ADQUIRIDO AO RECURSO

Enquanto não proferida a decisão judicial, a parte não tem direito ao correspondente recurso. Uma vez prolatada a decisão, surge uma espécie de *direito adquirido processual* àquele recurso. Enquanto não proferida a decisão, a parte dispõe, apenas, de mera *expectativa de direito* ao recurso.

Caso a lei superveniente que modifique, crie ou extinga um recurso surja *antes* da prolação da decisão, tal alteração irá atingir o processo, frustrando a *expectativa* (e não o direito) *da parte* de poder interpor (ou não) aquele recurso específico. Tendo, contudo, já sido proferida a decisão, e sobrevindo lei que modifique, crie ou extinga um recurso, tal inovação legislativa *não* deve atingir o processo, pois, do contrário, estaria retroagindo para frustrar um *direito* já adquirido no processo.

Com efeito, já proferida a decisão, a parte pode *exercer* seu direito de interpor o recurso cabível. Já existe, no particular, *direito adquirido*. É o que dispõe o § 2º do art. 6º da Lei de Introdução às Normas do Direito Brasileiro, ao enunciar que: *"consideram-se adquiridos assim os direitos que o seu titular, ou alguém por ele, possa exercer, como aqueles cujo começo do exercício tenha (...) condição preestabelecida inalterável, a arbítrio de outrem".*

Significa que *"(...) o recurso interposto há de se submeter à lei vigente ao tempo em que a decisão tenha sido prolatada e se tenha tornado recorrível"*, devendo-se, pois, aplicar *"(...) a lei vigente no momento em que a decisão se tornou recorrível"*[1].

---

[1] WAMBIER, Teresa Arruda Alvim. "Anotações a respeito da Lei 9.756, de 17 de dezembro de 1998". In: WAMBIER, Teresa Arruda Alvim; NERY JR., Nelson (coords.). *Aspectos polêmicos e atuais dos recursos cíveis de acordo com a Lei 9.756/98*. São Paulo: RT, 1999, p. 563.

132 | DIREITO INTERTEMPORAL E O NOVO CÓDIGO DE PROCESSO CIVIL • *Leonardo Carneiro da Cunha*

É antiga a orientação segundo a qual *"a lei em vigor ao ser proferida a decisão regulará o recurso"*[2]. A admissibilidade do recurso rege-se pela lei em vigor ao tempo da decisão.

A decisão, na primeira instância, é considerada proferida e se torna recorrível quando publicada, ou seja, quando tornada pública ou lançada aos autos. Na segunda instância, a situação é a mesma se a decisão for do relator[3]; se, porém, for uma decisão colegiada, o direito ao recurso nasce quando anunciado o julgamento pelo presidente da sessão[4]. Se a lei nova tratar do cabimento ou da admissibilidade do recurso, ela somente incide sobre o processo pendente se a decisão ainda não tiver sido proferida. Se já publicada pelo juízo de primeira instância ou se, no tribunal, já anunciado o julgamento, aplica-se a lei antiga[5].

Em síntese, a decisão proferida antes do novo Código tem os seus efeitos regulados pela lei vigente ao tempo em que foi prolatada. A lei sob cuja vigência foi proferida a decisão regula a admissibilidade dos recursos

---

[2]   VALLADÃO, Haroldo. *Comentários ao Código de Processo Civil.* São Paulo: RT, 1974, v. 13, n. 24, p. 91; LACERDA, Galeno. Ob. cit., p. 68; GONÇALVES, Carlos Roberto. "Análise da Lei de Introdução ao Código Civil: sua função no ordenamento jurídico e, em especial, no processo civil". *Revista de Processo.* São Paulo: RT, n. 37, jan./mar. 1985, p. 29.

[3]   Nesse sentido, o Enunciado 476 do Fórum Permanente de Processualistas Civis: "Independentemente da data de intimação, o direito ao recurso contra as decisões unipessoais nasce com a publicação em cartório, secretaria do juízo ou inserção nos autos eletrônicos da decisão a ser impugnada, o que primeiro ocorrer, ou, ainda, nas decisões proferidas em primeira instância, será da prolação de decisão em audiência".

[4]   Nesse sentido, o Enunciado 616 do Fórum Permanente de Processualistas Civis: "Independentemente da data de intimação ou disponibilização de seu inteiro teor, o direito ao recurso contra as decisões colegiadas nasce na data em que proclamado o resultado da sessão de julgamento".

[5]   LACERDA, Galeno. *O novo direito processual civil e os feitos pendentes.* Rio de Janeiro: Forense, 1974, p. 67-72. No mesmo sentido: ARMELIN, Donaldo. "Apontamentos sobre as alterações ao Código de Processo Civil e à Lei 8.038/90, impostas pela Lei 9.756/98". In: WAMBIER, Teresa Arruda Alvim; NERY JR., Nelson (coords.). *Aspectos polêmicos e atuais dos recursos cíveis de acordo com a Lei 9.756/98.* São Paulo: RT, 1999, p. 216; WAMBIER, Teresa Arruda Alvim. *Os agravos no CPC brasileiro.* 4ª ed. São Paulo: RT, 2006, p. 616-634.

contra ela interponíveis. Os recursos admissíveis são aqueles previstos na lei vigente ao tempo da decisão[6].

O direito ao recurso é regido pela lei em vigor no momento da prolação da decisão. Se a mudança legislativa opera-se entre a data da decisão e a data da interposição do recurso, subsiste a aplicação da lei antiga, salvo quanto ao regime jurídico de sua interposição e de seu processamento, tal como demonstrado no item 1.3, *supra*, justamente porque não há direito adquirido a regime jurídico. Tal ressalva abrange, igualmente, o prazo previsto na lei nova[7], conforme demonstrado no Capítulo X, *infra*, que trata do direito intertemporal relativamente aos prazos processuais.

8.2. ENTENDIMENTO JURISPRUDENCIAL SOBRE DIREITO INTERTEMPORAL EM MATÉRIA RECURSAL

É antigo o entendimento do Supremo Tribunal Federal segundo o qual *"[d]isciplina o cabimento dos recursos a lei vigente ao tempo em que a decisão é proferida"*[8]. Consoante afirmado e reafirmado na jurisprudência do STF, *"[r]egula o cabimento do recurso a lei vigente ao tempo da decisão recorrida"*[9].

De igual modo e no mesmo sentido, o Superior Tribunal de Justiça entende que *"a lei em vigor à data da sentença regula os recursos cabíveis contra o ato decisório"*[10].

Com a finalidade de orientar os jurisdicionados e tutelar a segurança jurídica, o plenário do Superior Tribunal de Justiça, em sessão administrativa do dia 9 de março de 2016, editou enunciados relativos à aplicação do novo Código, destacando-se os de números 2 e 3, assim redigidos:

---

[6] VALLADÃO, Haroldo. Ob. cit., n. 24, p. 94; MIRANDA, Francisco Cavalcanti Pontes de. *Comentários ao Código de Processo Civil*. Rio de Janeiro: Forense, 1978, t. XVII, p. 44-46; MAXIMILIANO, Carlos. *Direito intertemporal ou teoria da retroatividade das leis*. 2ª ed. Rio de Janeiro-São Paulo: Livraria Freitas Bastos, 1955, n. 238, p. 278-279; BATALHA, Wilson de Souza Campos. *Direito intertemporal*. Rio de Janeiro: Forense, 1980, p. 568-571; ASSIS, Araken de. Ob. cit., n. 69.2, p. 238.

[7] BATALHA, Wilson de Souza Campos. Ob. cit., p. 568.

[8] STF, 3ª Turma, AI 36.032, rel. Min. Luiz Gallotti, j. 21.3.1966, *DJ* 24.8.1966, p. 02822; *RTJ*, v. 37-03, p. 679.

[9] STF, 1ª Turma, RE 78.057, rel. Min. Luiz Gallotti, j. 5.3.1974, *DJ* 29.3.1974, p. 01879.

[10] STJ, Corte Especial, REsp 1.144.079/SP, rel. Min. Luiz Fux, j. 2.3.2011, *DJe* 6.5.2011.

> Enunciado administrativo número 2: Aos recursos interpostos com fundamento no CPC/1973 (relativos a decisões publicadas até 17 de março de 2016) devem ser exigidos os requisitos de admissibilidade na forma nele prevista, com as interpretações dadas, até então, pela jurisprudência do Superior Tribunal de Justiça.
>
> Enunciado administrativo número 3: Aos recursos interpostos com fundamento no CPC/2015 (relativos a decisões publicadas a partir de 18 de março de 2016) serão exigidos os requisitos de admissibilidade recursal na forma do novo CPC.

Tais enunciados podem gerar alguma dúvida ou dificuldade quando lidos da forma como foram redigidos. O direito de recorrer nasce, como já acentuado, com a publicação da decisão recorrida. Assim, se a decisão foi publicada ainda sob a vigência do CPC-1973, são suas normas que incidem para regular o cabimento do recurso. Diversamente, se a decisão foi publicada já sob a vigência do CPC-2015, sua aplicação se impõe, não sendo mais possível aplicar o Código revogado.

Há dois sentidos para a expressão "publicada a decisão". No primeiro, "publicar" equivale a "intimar" ou "veicular" a decisão pela imprensa oficial ou pelo *Diário da Justiça*. É nesse sentido que o inciso VII do art. 231 enuncia iniciar a contagem do prazo a partir da publicação no *Diário da Justiça* impresso ou eletrônico. Publicar, ali, é intimar ou veicular no *Diário da Justiça*. Assim, quando se diz que a decisão foi publicada quer-se dizer que ela foi veiculada no *Diário da Justiça*, intimando-se as partes interessadas. Nesse mesmo sentido, o termo é empregado pelo § 3º do art. 205, bem como pelos §§ 2º e 3º do art. 224 e, bem ainda, pelos arts. 272, 1.024, § 5º, e 1.040. No segundo sentido, "publicar" equivale a "lançar aos autos", "tornar pública"; é o momento a partir do qual todos podem ver a sentença ou ter acesso ao seu conteúdo. É a esse sentido que se referem, por exemplo, os §§ 1º e 2º do art. 1.012.

Quando se diz que o direito ao recurso surge com a publicação da decisão, o que se está a referir é ao momento em que ela foi lançada aos autos; o momento em que ela se tornou *pública*; o momento a partir do qual todos podem vê-la ou ter acesso ao seu conteúdo. A utilização do termo *publicada*, nesse sentido, não quer dizer que a decisão teve seu teor ou sua conclusão divulgada ou veiculada no diário oficial ou que a parte foi intimada de sua existência. Publicar a decisão, nesse sentido, significa integrar o ato judicial ao processo, como ato público, não se confundindo, portanto, com aquela outra concepção do termo "publicar", que correspon-de à intimação. Os atos processuais são públicos (CF, art. 93, IX; CPC, arts.

CAPÍTULO 8 • DIREITO INTERTEMPORAL NOS RECURSOS | 135

8º, 11 e 189). Assim, uma vez lançada aos autos, a decisão torna-se *pública*, passando a parte interessada a dispor do direito de recorrer. Aplica-se, quanto à admissibilidade do recurso, a lei em vigor no momento em que a decisão tornou-se pública, passando a integrar o processo.

A publicação do ato processual ocorre a partir do momento em que este se torna acessível, ao menos, às partes e a seus advogados. É o registro, tanto da sentença quanto do acórdão, que concede publicidade ao ato decisório, fazendo nascer para o sucumbente o direito de recorrer.

É hoje tranquila a ideia pela qual o direito de recorrer nasce mesmo antes da intimação. Tanto isso é verdade que o § 4º do art. 218 do novo Código estabelece que *"Será considerado tempestivo o ato praticado antes do termo inicial do prazo"*.

Publicar e intimar são momentos distintos[11], até porque há quem seja intimado pessoalmente, há quem seja intimado por pelo *Diário de Justiça*, há quem seja intimado por meio eletrônico; todos esses meios podem ocorrer em momentos diferentes, não sendo esse o marco definidor do direito ao recurso. Adquire-se o direito ao recurso quando a decisão torna-se pública, ou seja, quando ela é lançada aos autos, passando a integrar o processo[12].

A publicidade do ato se dá por um ato cartorário, de registro, ao passo que o prazo para recurso, para iniciar, depende de um segundo ato, com finalidade comunicativa: a intimação.

Aliás, esse é exatamente o entendimento do Superior Tribunal de Justiça, para quem *"1. Entende-se por dia do julgamento a data em que foi efetivamente publicada a sentença. 2. Proferida a sentença na própria audiência de instrução e julgamento, tem-se por publicada com a sua lei-*

---

[11] Ao julgar o Recurso Especial 649.526/MG, rel. Min. Carlos Alberto Menezes Direito, o STJ registrou "que se aplica a lei vigente ao tempo em que proferida a decisão, pouco relevando a publicação, que é ato formal para dar início à contagem do prazo, mas não ao direito a recorrer".

[12] "É irrelevante tanto a intimação feita aos advogados das partes, mediante 'publicação' no órgão oficial – o direito de recorrer preexiste a esse ato que abre o prazo –, quanto o fato de o julgamento colegiado, antes dessa intimação, incorporar-se posteriormente no acórdão, peça escrita que retrata o julgamento no segundo grau (art. 204 do NCPC). Convém não olvidar que os atos decisórios singulares são proferidos eletronicamente. Consideram-se publicados esses provimentos a partir do momento em que as partes têm acesso ao seu teor na *web*" (ASSIS, Araken de. Ob. cit., n. 69.2, p. 238).

tura, ainda que ausentes os representantes das partes", sendo certo ainda que, "*3. Não tendo a sentença sido proferida em audiência, a publicação dar-se-á com a sua entrega em Cartório, pelo Juiz, para fins de registro em livro próprio*"[13].

Ainda segundo o próprio Superior Tribunal de Justiça, "*Alegação de que a prolação da sentença é o marco inicial de sua existência jurídica. É com a entrega da sentença assinada pelo juiz ao escrivão que se consuma a sua publicação. Enquanto não publicada, a sentença é mero trabalho intelectual de seu prolator. A publicidade é que lhe imprime existência jurídica como ato processual*"[14].

8.3. NOVAS REGRAS SOBRE RECURSOS NO CPC-2015

No CPC-2015, não há mais previsão dos embargos infringentes. Previstos no art. 530 do CPC-1973, eles não existem mais, deixando de ser contemplados no novo Código.

Nos casos em que o resultado do julgamento já havia sido anunciado antes do início de vigência do CPC-2015, serão cabíveis os embargos infringentes. Mesmo que o acórdão demore para ser lavrado ou a intimação ocorra bem depois, quando já em vigor o novo Código, a parte interessada adquirira o direito aos embargos infringentes com o anúncio do resultado pelo órgão julgador do tribunal.

Independentemente da data da lavratura do acórdão ou da intimação feita às partes, o direito aos embargos infringentes surge com a proclamação do resultado pelo colegiado. Assim, provida, por maioria de votos, a apelação que reforme uma sentença de mérito ou que modifique uma sentença e julgue o mérito, em julgamento que se encerrou antes do início de vigência do CPC-2015, serão cabíveis os embargos infringentes. De igual modo, acolhida, por maioria de votos, a ação rescisória antes de ter início a vigência do novo Código, serão cabíveis os embargos infringentes.

Só não serão cabíveis os infringentes se a apelação, provida por maioria de votos para reformar a sentença de mérito, tiver sido interposta em

---

[13] STJ, Corte Especial, EDcl no REsp 1.144.079/SP, rel. Min. Napoleão Nunes Maia Filho, j. 25.4.2013, *DJe* 20.5.2013.

[14] STJ, 4ª Turma, AgRg no AgRg no Ag 685.829/RS, rel. Min. Luis Felipe Salomão, j. 5.10.2010, *DJe* 19.10.2010.

CAPÍTULO 8 • DIREITO INTERTEMPORAL NOS RECURSOS | 137

ação de mandado de segurança, pois, como se sabe, não cabem embargos infringentes no processo do mandado de segurança (Lei nº 12.016/2009, art. 25). Nos casos, porém, em que eram cabíveis os embargos infringentes, estes serão admissíveis se o julgamento, proferido nos termos do art. 530 do CPC-1973, tiver sido anunciado até um dia antes do início de vigência do CPC-2015.

Se os embargos infringentes já tiverem sido interpostos sob a vigência do CPC-1973, devem ser julgados. A superveniência do CPC-2015 não os substitui pela técnica de julgamento prevista no seu art. 942, que amplia a composição do órgão julgador em caso de divergência na votação. Nesse sentido, o Enunciado 466 do Fórum Permanente de Processualistas Civis: *"A técnica do art. 942 não se aplica aos embargos infringentes pendentes ao tempo do início da vigência do CPC, cujo julgamento deverá ocorrer nos termos dos arts. 530 e seguintes do CPC de 1973".*

Como já afirmado, se o julgamento, proferido por maioria de votos, tiver sido encerrado e anunciado ainda sob a vigência do CPC-1973, serão cabíveis os embargos infringentes. Se, em vez de interpor os embargos infringentes, a parte resolveu opor embargos de declaração, e estes foram julgados já quando em vigor o CPC-2015, não caberão mais os embargos infringentes. O julgamento dos embargos de declaração reabre o direito ao recurso previsto na legislação agora em vigor. Julgados os embargos de declaração, não há mais direito aos embargos infringentes, não podendo ser interpostos pela parte interessada.

A esse respeito, é digno de registro o Enunciado 477 do Fórum Permanente de Processualistas Civis: *"Publicada em cartório ou inserida nos autos eletrônicos a decisão que julga embargos de declaração sob a vigência do CPC de 2015, computar-se-ão apenas os dias úteis no prazo para o recurso subsequente, ainda que a decisão embargada tenha sido proferida ao tempo do CPC de 1973, tendo em vista a interrupção do prazo prevista no art. 1.026".*

O CPC-2015 também aboliu o agravo retido. As decisões interlocutórias ou são impugnáveis imediatamente por agravo de instrumento ou por apelação. É por isso que se diz que, no novo Código, há decisões interlocutórias agraváveis e decisões interlocutórias não agraváveis. As primeiras são impugnáveis por agravo de instrumento, enquanto as não agraváveis, por apelação ou contrarrazões de apelação.

Essa classificação, entre interlocutórias agraváveis e interlocutórias não agraváveis, relaciona-se com a fase de conhecimento. No cumprimento da sentença, na execução fundada em título extrajudicial e no processo de inventário e partilha, todas as interlocutórias são passíveis de agravo de instrumento (CPC, art. 1.015, par. ún.). Somente são agraváveis as interlocutórias, proferidas na fase de conhecimento, que estiverem previstas no art. 1.015 do CPC ou que, por disposição legal expressa, podem ser objeto de agravo de instrumento.

Nem todas as decisões interlocutórias são, portanto, passíveis de agravo de instrumento no CPC-2015.

Se a decisão interlocutória tiver sido proferida antes do início de vigência do novo Código, será agravável, podendo ser atacada por agravo retido ou por agravo de instrumento. Interposto agravo retido, este, como se sabe, não produz efeito devolutivo imediato; seu efeito devolutivo é diferido. Ao agravante cabe reiterar o agravo retido nas razões ou contrarrazões de apelação. Assim, adquirido o direito ao agravo retido, este poderá ser interposto, devendo haver a reiteração nas razões ou contrarrazões de apelação, ainda que a sentença venha a ser proferida sob a vigência do CPC-2015.

Quer isso dizer que não se aplica o disposto no § 1º do art. 1.009 do CPC às decisões proferidas antes do início de sua vigência. Nesse sentido, o Enunciado 354 do Fórum Permanente de Processualistas Civis: *"O art. 1.009, § 1º, não se aplica às decisões publicadas em cartório ou disponibilizadas nos autos eletrônicos antes da entrada em vigor do CPC"*.

Quanto às decisões proferidas durante a vigência do novo Código, aplica-se seu regime recursal, cabendo agravo de instrumento das decisões que estejam previstas no seu art. 1.015 e, quanto às demais, apelação ou recurso nas contrarrazões de apelação. É possível, então, haver, num processo pendente, agravo retido contra decisão proferida ainda na vigência do Código revogado e apelação ou recurso nas contrarrazões contra decisão proferida durante a vigência do novo Código. A propósito, eis o Enunciado 355 do Fórum Permanente de Processualistas Civis: *"Se, no mesmo processo, houver questões resolvidas na fase de conhecimento em relação às quais foi interposto agravo retido na vigência do CPC/1973, e questões resolvidas na fase de conhecimento em relação às quais não se operou a preclusão por força do art. 1.009, § 1º, do CPC, aplicar-se-á ao recurso de apelação o art. 523, § 1º, do CPC/1973 em relação àquelas, e o art. 1.009, § 1º, do CPC em relação a estas"*.

O direito ao recurso nasce com a prolação da decisão. Nas palavras de Eduardo Espinola e Eduardo Espinola Filho, *"Cumpre observar, porém, que daí não resulta seja o processo, a seguir no recurso, determinado pela*

CAPÍTULO 8 • DIREITO INTERTEMPORAL NOS RECURSOS | 139

mesma lei; aplica-se a lei nova, segundo a regra geral que – as novas leis processuais têm aplicação imediata (como dizem uns, ou retroativa, como pensam outros)"[15].

CPC-2015	CPC-1973
CAPÍTULO III – DO AGRAVO DE INSTRUMENTO	CAPÍTULO III – DO AGRAVO
Art. 1.015. Cabe agravo de instrumento contra as decisões interlocutórias que versarem sobre:	**Art. 522.** Das decisões interlocutórias caberá agravo, no prazo de dez dias, na forma retida, salvo quando se tratar de decisão suscetível de causar à parte lesão grave e de difícil reparação, bem como nos casos de inadmissão da apelação e nos relativos aos efeitos em que a apelação é recebida, quando será admitida a sua interposição por instrumento.
I – tutelas provisórias;	Sem correspondente no CPC-1973.
II – mérito do processo;	Sem correspondente no CPC-1973.
III – rejeição da alegação de convenção de arbitragem;	Sem correspondente no CPC-1973.
IV – incidente de desconsideração da personalidade jurídica;	Sem correspondente no CPC-1973.
V – rejeição do pedido de gratuidade da justiça ou acolhimento do pedido de sua revogação;	Sem correspondente no CPC-1973.
VI – exibição ou posse de documento ou coisa;	Sem correspondente no CPC-1973.
VII – exclusão de litisconsorte;	Sem correspondente no CPC-1973.
VIII – rejeição do pedido de limitação do litisconsórcio;	Sem correspondente no CPC-1973.
IX – admissão ou inadmissão de intervenção de terceiros;	Sem correspondente no CPC-1973.

---

[15] ESPINOLA, Eduardo; ESPINOLA FILHO, Eduardo. *A Lei de Introdução ao Código Civil comentada*, cit., n. 126, p. 491. *No mesmo sentido*: ESPINOLA, Eduardo; ESPINOLA FILHO, Eduardo. *Tratado de direito civil brasileiro*, cit., n. 70, p. 258.

CPC-2015	CPC-1973
X – concessão, modificação ou revo-gação do efeito suspensivo aos embargos à execução;	Sem correspondente no CPC-1973.
XI – redistribuição do ônus da prova nos termos do art. 373, § 1º;	Sem correspondente no CPC-1973.
VETADO **XII – conversão da ação individual em ação coletiva;**	
XIII – outros casos expressamente referidos em lei.	Sem correspondente no CPC-1973.
Parágrafo único. Também caberá agravo de instrumento contra decisões interlocutórias proferidas na fase de liqui-dação de sentença ou de cumprimento de sentença, no processo de execução e no processo de inventário.	Sem correspondente no CPC-1973.

8.4. REGRAS DE FUNGIBILIDADE DOS RECURSOS

O princípio da fungibilidade dos recursos, que decorre dos princípios da boa-fé processual, da primazia do julgamento do mérito e da instrumentalidade das formas, é aquele pelo qual se permite a conversão de um recurso em outro.

O CPC-2015 prevê três regras específicas de fungibilidade recursal. Duas delas referem-se aos recursos excepcionais e estão dispostas nos seus arts. 1.032 e 1.033:

> Art. 1.032. Se o relator, no Superior Tribunal de Justiça, entender que o recurso especial versa sobre questão constitucional, deverá conceder prazo de 15 (quinze) dias para que o recorrente demonstre a existência de repercussão geral e se manifeste sobre a questão constitucional.
>
> Parágrafo único. Cumprida a diligência de que trata o *caput*, o relator remeterá o recurso ao Supremo Tribunal Federal, que, em juízo de admissibilidade, poderá devolvê-lo ao Superior Tribunal de Justiça.
>
> Art. 1.033. Se o Supremo Tribunal Federal considerar como reflexa a ofensa à Constituição afirmada no recurso extraordinário, por pressupor a revisão da interpretação de lei federal ou de tratado,

CAPÍTULO 8 · DIREITO INTERTEMPORAL NOS RECURSOS | 141

remetê-lo-á ao Superior Tribunal de Justiça para julgamento como recurso especial.

A terceira regra cuida da relação entre os embargos de declaração e o agravo interno (CPC, art. 1.024, § 3º): "*§ 3º O órgão julgador conhecerá dos embargos de declaração como agravo interno se entender ser este o recurso cabível, desde que determine previamente a intimação do recorrente para, no prazo de 5 (cinco) dias, complementar as razões recursais, de modo a ajustá-las às exigências do art. 1.021, § 1º*".

Essas regras aplicam-se imediatamente, mesmo que o recurso tenha sido interposto ao tempo do Código revogado. As regras de fungibilidade de recursos devem ser aplicadas desde logo, evitando-se inadmissibilidades e viabilizando o julgamento do recurso interposto. Nesse sentido, aliás, o Enunciado 564 do Fórum Permanente de Processualistas Civis: "*Os arts. 1.032 e 1.033 devem ser aplicados aos recursos interpostos antes da entrada em vigor do CPC de 2015 e ainda pendentes de julgamento*".

CPC-2015	CPC-1973
Art. 1.024. O juiz julgará os embargos em 5 (cinco) dias. § 1º Nos tribunais, o relator apresentará os embargos em mesa na sessão subsequente, proferindo voto, e, não havendo julgamento nessa sessão, será o recurso incluído em pauta automaticamente.	**Art. 537.** O juiz julgará os embargos em 5 (cinco) dias; nos tribunais, o relator apresentará os embargos em mesa na sessão subsequente, proferindo voto.
§ 2º Quando os embargos de declaração forem opostos contra decisão de relator ou outra decisão unipessoal proferida em tribunal, o órgão prolator da decisão embargada decidi-los-á monocraticamente.	Sem correspondente no CPC-1973.
§ 3º O órgão julgador conhecerá dos embargos de declaração como agravo interno se entender ser este o recurso cabível, desde que determine previamente a intimação do recorrente para, no prazo de 5 (cinco) dias, complementar as razões recursais, de modo a ajustá-las às exigências do art. 1.021, § 1º.	Sem correspondente no CPC-1973.

CPC-2015	CPC-1973
§ 4º Caso o acolhimento dos embargos de declaração implique modificação da decisão embargada, o embargado que já tiver interposto outro recurso contra a decisão originária tem o direito de complementar ou alterar suas razões, nos exatos limites da modificação, no prazo de 15 (quinze) dias, contado da intimação da decisão dos embargos de declaração.	Sem correspondente no CPC-1973.
§ 5º Se os embargos de declaração forem rejeitados ou não alterarem a conclusão do julgamento anterior, o recurso interposto pela outra parte antes da publicação do julgamento dos embargos de declaração será processado e julgado independentemente de ratificação.	Sem correspondente no CPC-1973.

CPC-2015	CPC-1973
Art. 1.032. Se o relator, no Superior Tribunal de Justiça, entender que o recurso especial versa sobre questão constitucional, deverá conceder prazo de 15 (quinze) dias para que o recorrente demonstre a existência de repercussão geral e se manifeste sobre a questão constitucional.	Sem correspondente no CPC-1973.
Parágrafo único. Cumprida a diligência de que trata o *caput*, o relator remeterá o recurso ao Supremo Tribunal Federal, que, em juízo de admissibilidade, poderá devolvê-lo ao Superior Tribunal de Justiça.	Sem correspondente no CPC-1973.
Art. 1.033. Se o Supremo Tribunal Federal considerar como reflexa a ofensa à Constituição afirmada no recurso extraordinário, por pressupor a revisão da interpretação de lei federal ou de tratado, remetê-lo-á ao Superior Tribunal de Justiça para julgamento como recurso especial.	Sem correspondente no CPC-1973.

8.5. SUCUMBÊNCIA RECURSAL

Os honorários de sucumbência decorrem da causalidade. A condenação em honorários de sucumbência ocorre, apenas, quando se julga a *causa*; a resolução de um incidente não acarreta a condenação nos honorários de sucumbência.

O § 11 do art. 85 do CPC prevê a majoração dos honorários no âmbito recursal; cria-se aí a chamada *sucumbência recursal*. Se o sujeito der causa a uma demanda originária, deverá arcar com os honorários de sucumbência. Se, de igual modo, der causa a uma demanda recursal, deverá arcar com a majoração dos honorários.

O valor dos honorários recursais soma-se aos honorários anteriormente fixados[16].

Assim, vencida numa demanda, a parte deve sujeitar-se ao pagamento de honorários sucumbenciais para o advogado da parte contrária. Nessa hipótese, caso recorra e seu recurso não seja, ao final, acolhido, deverá, então, haver uma majoração específica no valor dos honorários de sucumbência. A inadmissibilidade ou a rejeição do recurso implica, objetivamente, uma consequência específica, correspondente ao aumento do percentual dos honorários de sucumbência. A sucumbência recursal, com majoração dos honorários já fixados, ocorre tanto no julgamento por decisão isolada do relator como por decisão proferida pelo colegiado[17]. O valor total dos honorários, aí incluída a parcela acrescida com o julgamento do recurso, não deve superar o equivalente a 20% do valor da condenação, do proveito econômico obtido ou, não sendo possível mensurá-lo, do valor atualizado da causa. Tal limite aplica-se a cada fase do processo: os honorários devem ser fixados até 20% na fase de conhecimento e até 20% na fase de cumprimento da sentença.

Se, por exemplo, o juiz fixou os honorários em 10% e a parte vencida recorre, tendo seu recurso sido rejeitado, a verba honorária pode ser majo-

---

[16] Assim, o Enunciado 241 do Fórum Permanente de Processualistas Civis: "Os honorários de sucumbência recursal serão somados aos honorários pela sucumbência em primeiro grau, observados os limites legais".

[17] CAMARGO, Luiz Henrique Volpe. "Os honorários advocatícios pela sucumbência recursal no CPC/2015". *Doutrina selecionada* – parte geral. Salvador: JusPodivm, 2015, p. 749. Assim, também, o Enunciado 242 do Fórum Permanente de Processualistas Civis: "Os honorários de sucumbência recursal são devidos em decisão unipessoal ou colegiada".

rada para 20%. Nesse caso, qualquer outro recurso não pode mais implicar majoração do valor, pois já se alcançou o limite máximo de 20%. Mas é possível que o juiz fixe os honorários em 10% e, em razão do desprovimento do recurso da parte vencida, o tribunal majore os honorários para 15%. Se houver outro recurso (um recurso especial ou extraordinário, por exemplo) que venha também a ser rejeitado, os honorários podem, ainda, ser majorados até 20%. Caso, entretanto, o juiz, ao julgar a causa, já fixe os honorários de sucumbência em 20%, já se terá, desde logo, alcançado o limite máximo, não sendo mais possível haver qualquer majoração: os recursos sucessivos que venham a ser interpostos não podem mais, nesse último exemplo, implicar aumento ou majoração no valor dos honorários de sucumbência, pois já fixado no limite máximo[18].

No caso de demanda que envolva o Poder Público, devem ser observados os limites das faixas previstas no § 3º do art. 85 do CPC na fase de conhecimento e, igualmente, na fase de cumprimento da sentença.

Mesmo que não sejam apresentadas contrarrazões, haverá sucumbência recursal se o recurso for inadmitido ou rejeitado[19], desde que o recorrido tenha advogado constituído e tenha sido intimado para apresentá-las. Assim como há honorários de sucumbência em casos de revelia com advogado constituído, também há honorários recursais em casos de recurso não respondido. Se, porém, o recurso for rejeitado liminarmente pelo relator, sem que tenha havido intimação do advogado para apresentar contrarrazões, não há honorários recursais. A situação é a mesma da improcedência liminar do pedido na primeira instância: quando o juiz profere sentença de improcedência liminar, não há condenação em honorários, pois não houve advogado constituído pelo réu, o qual, aliás, nem foi citado. Os honorários de sucumbência consistem em direito do advogado: se este atua no processo, ainda que não tenha praticado algum ato importante ou decisivo, terá direito aos honorários, desde que haja causalidade da parte contrária. A inércia ou falta da prática de algum ato contribui para a definição do percentual aplicável ou fixação do valor, mas não afasta a condenação em honorários, pois estes decorrem da causalidade.

---

[18] Hipótese criticada por FREIRE, Alexandre; MARQUES, Leonardo Albuquerque. "Os honorários de sucumbência no novo CPC". *Doutrina selecionada* – parte geral. Salvador: JusPodivm, 2015, p. 735.

[19] Em sentido contrário, CAMARGO, Luiz Henrique Volpe. Ob. cit., p. 760-761.

Não há honorários recursais em qualquer recurso, apenas naqueles em que for admissível condenação em honorários de sucumbência na primeira instância[20]. Assim, não cabe, por exemplo, sucumbência recursal em agravo de instrumento interposto contra decisão que versa sobre tutela provisória, mas cabe em agravo de instrumento interposto contra decisão que versa sobre o mérito da causa[21]. A sucumbência recursal consiste, como já visto, em majoração de honorários já fixados.

Exatamente por isso, não se aplica o § 11 do art. 85 do CPC nos recursos interpostos no mandado de segurança. É que, no processo de mandado de segurança, não cabe condenação em honorários de sucumbência (Lei nº 12.016/2009, art. 25). Se não há condenação em honorários, não pode haver sua majoração em sede recursal. Daí a inaplicabilidade do dispositivo no mandado de segurança[22].

No julgamento de embargos de declaração, não há majoração de honorários anteriormente fixados. Isso porque o § 11 do art. 85 do CPC refere-se a tribunal, afastando a sucumbência recursal no âmbito da primeira instância. Assim, opostos embargos de declaração contra decisão interlocutória ou contra sentença, não há sucumbência recursal, não havendo, de igual modo e em virtude da simetria, sucumbência recursal em embargos de declaração opostos contra decisão isolada do relator ou contra acórdão[23].

De igual modo, não há majoração de honorários anteriormente fixados no julgamento do agravo interno. Quando o relator inadmite ou nega provimento ao recurso por decisão isolada, ele já aplica o § 11 do art. 85 do CPC e majora os honorários de sucumbência fixados pelo juiz contra a parte. Rejeitado o agravo interno, o colegiado apenas confirma a decisão do relator, não incidindo novamente o § 11 do art. 85 do CPC. O relator, ao decidir, antecipa provável entendimento do colegiado. Este, ao ser provocado pelo agravo interno, confirma ou não a decisão do relator. Ao confirmar, mantém o que o relator decidiu, inclusive na parte relativa

---

[20] CAMARGO, Luiz Henrique Volpe. "Os honorários advocatícios pela sucumbência recursal no CPC/2015". *Doutrina selecionada* – parte geral. Salvador: JusPodivm, 2015, p. 748.

[21] CAMARGO, Luiz Henrique Volpe. Ob. cit., p. 749.

[22] DELLORE, Luiz. "Comentários ao art. 85 do CPC". *Teoria geral do processo*: comentários ao CPC de 2015 – parte geral. São Paulo: Método, 2015, p. 299.

[23] DELLORE, Luiz. "Comentários ao art. 85 do CPC". *Teoria geral do processo*: comentários ao CPC de 2015 – parte geral. São Paulo: Método, 2015, p. 299.

aos honorários sucumbenciais recursais. Não há outra majoração, pois foi determinada pelo relator em sua decisão isolada.

No julgamento da remessa necessária, pode haver sucumbência recursal (partindo-se da premissa aqui adotada, segundo a qual a remessa necessária é recurso), mas não deve haver majoração dos honorários de sucumbência, por não haver causalidade apta a acarretá-la. Logo, não se aplica o § 11 do art. 85 do CPC no julgamento da remessa necessária. A majoração dos honorários só se dá no âmbito dos recursos voluntários, não se aplicando nos recursos de ofício, por não haver causalidade nesses últimos.

O tribunal, ao rejeitar o recurso, pode, como visto, majorar o valor dos honorários de sucumbência. Tal majoração não impede que sejam impostas multas por litigância de má-fé, nem outras sanções processuais (CPC, art. 85, § 12). Isso porque a majoração dos honorários não constitui uma punição, não sendo exigida a comprovação de culpa ou dolo; decorre simplesmente da rejeição do recurso em casos em que a fixação dos honorários de sucumbência tenha sido inferior a 20% sobre o valor da condenação ou do direito discutido. Aplicam-se, na verdade, as mesmas regras tradicionais dos honorários de sucumbência, sendo uma condenação objetiva: é irrelevante se o recurso é ou não protelatório, se parte teve alguma intenção ou não de prejudicar etc.[24]

A sucumbência recursal, com a majoração dos honorários já fixados, somente ocorre quando o recurso for inadmitido ou rejeitado, mantida a decisão recorrida. Se, porém, ele for conhecido e provido para reformar a decisão, o que há é a *inversão* da sucumbência: a condenação inverte-se, não havendo honorários recursais[25].

O § 11 do art. 85 do CPC somente deve ser aplicado aos casos em que for possível recorrer ou já houver recorribilidade a partir do início de sua vigência, não se aplicando aos recursos já interpostos ou pendentes de julgamento[26].

---

[24] CAMARGO, Luiz Henrique Volpe. Ob. cit., p. 748.

[25] DELLORE, Luiz. "Comentários ao art. 85 do CPC". *Teoria geral do processo*: comentários ao CPC de 2015 – parte geral. São Paulo: Método, 2015, p. 299.

[26] Nesse sentido: NUNES, Dierle; DUTRA, Vitor Barbosa; OLIVEIRA JÚNIOR, Délio Mota de. "Honorários no recurso de apelação e questões correlatas". In: COÊLHO, Marcus Vinícius Furtado; CAMARGO, Luiz Henrique Volpe (coords.). *Honorários advocatícios*. Salvador: JusPodivm, 2015, p. 642-643; LIMA, Lucas Rister de Sousa. "Direito intertemporal e honorários advocatícios sucumbenciais no novo CPC". In: COÊLHO, Marcus Vinícius Furtado; CAMARGO, Luiz Henrique

O CPC-1973 continua a ser aplicado apenas aos casos em que já tiver havido interposição de recurso antes do início de vigência do CPC-2015, mas também naqueles em que já era possível ser interposto o recurso. Assim, proferida a decisão antes do início de vigência do CPC-2015, mas vindo a ser interposto depois de sua vigência, continua a ser aplicado o CPC-1973, não sendo caso de honorários recursais. O marco que define a aplicação da lei não é a interposição do recurso, mas a mera recorribilidade do ato.

Trata-se de regra de decisão, e não de regra processual. Como regra de decisão, somente pode aplicar-se a fatos posteriores ao início de sua vigência. E a base da verba honorária é a causalidade, que decorre da interposição do recurso.

Os honorários de sucumbência recursal consistem num efeito da interposição do recurso. O ato de recorrer contém a *causalidade* que acarreta a majoração dos honorários quando o recurso for inadmitido ou rejeitado. Aplicar a lei nova constitui, na espécie, uma retroatividade, proibida pelo art. 5º, XXXVI, da Constituição Federal. Logo, não se aplica o disposto no § 11 do art. 85 do CPC aos recursos pendentes de julgamento ou interpostos sob a vigência do CPC-1973.

Não é a data da decisão que julga o recurso que define a aplicação do § 11 do art. 85 do CPC-2015, mas a da sua interposição. O direito ao recurso adquire-se com a prolação da decisão, e a sua interposição acarreta a *causalidade*. Inadmitido ou rejeitado o recurso, haverá majoração da sucumbência.

CPC-2015	CPC-1973
Art. 85. A sentença condenará o vencido a pagar honorários ao advogado do vencedor.	**Art. 20.** A sentença condenará o vencido a pagar <u>ao vencedor as despesas que antecipou e os</u> honorários <u>advocatícios. Essa verba honorária será devida, também, nos casos em que o advogado funcionar em causa própria.</u>

Volpe (coords.). *Honorários advocatícios.* Salvador: JusPodivm, 2015, p. 177-199. Em sentido contrário: CAMARGO, Luiz Henrique Volpe. Ob. cit., p. 762-766; FAZIO, César Cipriano. "Honorários advocatícios de sucumbência recursal". In: COÊLHO, Marcus Vinícius Furtado; CAMARGO, Luiz Henrique Volpe (coords.). *Honorários advocatícios.* Salvador: JusPodivm, 2015, p. 625-626.

CPC-2015	CPC-1973
§ 1º São devidos honorários advocatícios na reconvenção, no cumprimento de sentença, provisório ou definitivo, na execução, resistida ou não, e nos recursos interpostos, cumulativamente.	**Art. 34.** <u>Aplicam-se à reconvenção, à oposição, à ação declaratória incidental e aos procedimentos de jurisdição voluntária, no que couber, as disposições constantes desta seção.</u>
§ 2º Os honorários serão fixados entre o mínimo de dez e o máximo de vinte por cento sobre o valor da condenação, do proveito econômico obtido ou, não sendo possível mensurá-lo, sobre o valor atualizado da causa, atendidos:	**Art. 20, § 3º** Os honorários serão fixados entre o mínimo de dez <u>por cento</u> e o máximo de vinte por cento sobre o valor da condenação, atendidos:
I – o grau de zelo do profissional;	a) o grau de zelo do profissional;
II – o lugar de prestação do serviço;	b) o lugar de prestação do serviço;
III – a natureza e a importância da causa; IV – o trabalho realizado pelo advogado e o tempo exigido para o seu serviço.	c) a natureza e importância da causa, o trabalho realizado pelo advogado e o tempo exigido para o seu serviço.
§ 3º Nas causas em que a Fazenda Pública for parte, a fixação dos honorários observará os critérios estabelecidos nos incisos I a IV do § 2º e os seguintes percentuais:	**Art. 20, § 4º** Nas causas <u>de pequeno valor, nas de valor inestimável, naquelas</u> em que <u>não houver condenação ou for vencida</u> a Fazenda Pública<u>, e nas execuções, embargadas ou não, os</u> honorários <u>serão fixados consoante apreciação equitativa do juiz, atendidas as normas das alíneas a, b e c do parágrafo anterior.</u>
I – mínimo de dez e máximo de vinte por cento sobre o valor da condenação ou do proveito econômico obtido até 200 (duzentos) salários mínimos;	Sem correspondente no CPC-1973.
II – mínimo de oito e máximo de dez por cento sobre o valor da condenação ou do proveito econômico obtido acima de 200 (duzentos) salários mínimos até 2.000 (dois mil) salários mínimos;	Sem correspondente no CPC-1973.
III – mínimo de cinco e máximo de oito por cento sobre o valor da condenação ou do proveito econômico obtido acima de 2.000 (dois mil) salários mínimos até 20.000 (vinte mil) salários mínimos;	Sem correspondente no CPC-1973.

CAPÍTULO 8 • DIREITO INTERTEMPORAL NOS RECURSOS | 149

CPC-2015	CPC-1973
IV – mínimo de três e máximo de cinco por cento sobre o valor da condenação ou do proveito econômico obtido acima de 20.000 (vinte mil) salários mínimos até 100.000 (cem mil) salários mínimos;	Sem correspondente no CPC-1973.
V – mínimo de um e máximo de três por cento sobre o valor da condenação ou do proveito econômico obtido acima de 100.000 (cem mil) salários mínimos.	Sem correspondente no CPC-1973.
§ 4º Em qualquer das hipóteses do § 3º:	Sem correspondente no CPC-1973.
I – os percentuais previstos nos incisos I a V devem ser aplicados desde logo, quando for líquida a sentença;	Sem correspondente no CPC 1973.
II – não sendo líquida a sentença, a definição do percentual, nos termos previstos nos incisos I a V, somente ocorrerá quando liquidado o julgado;	Sem correspondente no CPC-1973.
III – não havendo condenação principal ou não sendo possível mensurar o proveito econômico obtido, a condenação em honorários dar-se-á sobre o valor atualizado da causa;	Sem correspondente no CPC-1973.
IV – será considerado o salário mínimo vigente quando prolatada sentença líquida ou o que estiver em vigor na data da decisão de liquidação.	Sem correspondente no CPC-1973.
§ 5º Quando, conforme o caso, a condenação contra a Fazenda Pública ou o benefício econômico obtido pelo vencedor ou o valor da causa for superior ao valor previsto no inciso I do § 3º, a fixação do percentual de honorários deve observar a faixa inicial e, naquilo que a exceder, a faixa subsequente, e assim sucessivamente.	Sem correspondente no CPC-1973.
§ 6º Os limites e critérios previstos nos §§ 2º e 3º aplicam-se independentemente de qual seja o conteúdo da decisão, inclusive aos casos de improcedência ou de sentença sem resolução de mérito.	Sem correspondente no CPC-1973.

CPC-2015	CPC-1973
§ 7º Não serão devidos honorários no cumprimento de sentença contra a Fazenda Pública que enseje expedição de precatório, desde que não tenha sido impugnada.	Sem correspondente no CPC-1973.
§ 8º Nas causas em que for inestimável ou irrisório o proveito econômico ou, ainda, quando o valor da causa for muito baixo, o juiz fixará o valor dos honorários por apreciação equitativa, observando o disposto nos incisos do § 2º.	**Art. 20, § 4º** Nas causas <u>de pequeno valor, nas de valor</u> inestimável, <u>naquelas em que não houver condenação ou for vencida a Fazenda Pública, e nas execuções, embargadas ou não, os</u> honorários <u>serão fixados consoante</u> apreciação equitativa <u>do juiz, atendidas as normas das alíneas a, b e c do parágrafo anterior.</u>
§ 9º Na ação de indenização por ato ilícito contra pessoa, o percentual de honorários incidirá sobre a soma das prestações vencidas acrescida de 12 (doze) prestações vincendas.	**Art. 20, § 5º** <u>Nas ações</u> de indenização por ato ilícito contra pessoa, <u>o valor da condenação será</u> a soma das prestações vencidas <u>com o capital necessário a produzir a renda correspondente às</u> prestações vincendas <u>(artigo 602), podendo estas ser pagas, também mensalmente, na forma do § 2º do referido artigo 602, inclusive em consignação na folha de pagamentos do devedor.</u>
§ 10. Nos casos de perda do objeto, os honorários serão devidos por quem deu causa ao processo.	Sem correspondente no CPC-1973.
§ 11. O tribunal, ao julgar recurso, majorará os honorários fixados anteriormente levando em conta o trabalho adicional realizado em grau recursal, observando, conforme o caso, o disposto nos §§ 2º a 6º, sendo vedado ao tribunal, no cômputo geral da fixação de honorários devidos ao advogado do vencedor, ultrapassar os respectivos limites estabelecidos nos §§ 2º e 3º para a fase de conhecimento.	Sem correspondente no CPC-1973.
§ 12. Os honorários referidos no § 11 são cumuláveis com multas e outras sanções processuais, inclusive as previstas no art. 77.	Sem correspondente no CPC-1973.

CAPÍTULO 8 · DIREITO INTERTEMPORAL NOS RECURSOS | 151

CPC-2015	CPC-1973
§ 13. As verbas de sucumbência arbitradas em embargos à execução rejeitados ou julgados improcedentes e em fase de cumprimento de sentença serão acrescidas no valor do débito principal, para todos os efeitos legais.	Sem correspondente no CPC-1973.
§ 14. Os honorários constituem direito do advogado e têm natureza alimentar, com os mesmos privilégios dos créditos oriundos da legislação do trabalho, sendo vedada a compensação em caso de sucumbência parcial.	Sem correspondente no CPC-1973.
§ 15. O advogado pode requerer que o pagamento dos honorários que lhe caibam seja efetuado em favor da sociedade de advogados que integra na qualidade de sócio, aplicando-se à hipótese o disposto no § 14.	Sem correspondente no CPC-1973.
§ 16. Quando os honorários forem fixados em quantia certa, os juros moratórios incidirão a partir da data do trânsito em julgado da decisão.	Sem correspondente no CPC-1973.
§ 17. Os honorários serão devidos quando o advogado atuar em causa própria.	**Art. 20.** A sentença condenará o vencido a pagar ao vencedor as despesas que antecipou e os honorários advocatícios. Essa verba honorária será devida, também, nos casos em que o advogado funcionar em causa própria.
§ 18. Caso a decisão transitada em julgado seja omissa quanto ao direito aos honorários ou ao seu valor, é cabível ação autônoma para sua definição e cobrança.	Sem correspondente no CPC-1973.
§ 19. Os advogados públicos perceberão honorários de sucumbência, nos termos da lei.	Sem correspondente no CPC-1973.

Capítulo 9

DIREITO INTERTEMPORAL EM MATÉRIA DE COISA JULGADA E DE AÇÃO RESCISÓRIA

Assista ao **vídeo 9** com considerações introdutórias referentes a este capítulo.

Instruções na primeira orelha do livro.

9.1. LIMITES OBJETIVOS DA COISA JULGADA NO CPC-1973

A coisa julgada torna imutável e indiscutível a questão principal resolvida na sentença de mérito. Esse é o limite da coisa julgada comum, existente no CPC-1973 e, igualmente, no CPC-2015.

No sistema do CPC-1973, a coisa julgada somente alcançava a questão principal, não atingindo a questão prejudicial, decidida incidentemente. Como se sabe, considera-se prejudicial a questão de cuja solução depende o teor do pronunciamento de outra questão. A segunda questão depende da primeira no seu *modo de ser*[1]. A prejudicial pode ser interna ou externa. É interna quando verificável no mesmo processo, sendo externa quando o objeto de um processo condiciona o de outro. A distinção é relevante para fins de suspensão do processo: só a prejudicial externa é que acarreta a suspensão do processo que dela depende (CPC-1973, art. 265, IV, *a*; CPC-2015, art. 313, V, *a*).

A questão prejudicial pode ser principal ou incidental. É principal quando compõe o próprio pedido da parte. Assim, por exemplo, se a parte pede reconhecimento da paternidade e alimentos, o reconhecimento da paternidade é questão prejudicial principal, sendo alcançada, no regime do CPC-1973, pela coisa julgada. Se, porém, a paternidade, para manter o mesmo exemplo, funciona como fundamento para o pedido de alimentos, tem-se aí uma questão prejudicial incidental. Nesse caso, não haveria, no regime do CPC-1973, coisa julgada (CPC-1973, art. 469, III).

Para que houvesse, no CPC-1973, coisa julgada sobre a questão prejudicial, esta deveria ser principal, e não incidental. Se a questão prejudicial fosse incidental, não haveria coisa julgada sobre ela (CPC-1973, art. 469,

---

[1] BARBOSA MOREIRA, José Carlos. "Questões prejudiciais e questões preliminares". *Direito processual civil – ensaios e pareceres*. Rio de Janeiro: Borsoi, 1971, p. 83.

III). Era possível, porém, transformar a questão prejudicial de incidental para principal, a fim de que sobre ela pudesse incidir a coisa julgada. Essa transformação da questão prejudicial incidental em questão prejudicial principal era feita pelo ajuizamento da ação declaratória incidental (CPC-1973, art. 470), podendo qualquer das partes ajuizá-la (CPC-1973, art. 5º). Apresentada contestação, ao autor cabia propô-la no prazo de 10 (dez) dias (CPC-1973, art. 325), sendo franqueada ao réu a possibilidade de ajuizá-la por meio de reconvenção.

9.2. DUPLO REGIME DE COISA JULGADA NO CPC-2015

A coisa julgada, no regime do CPC-2015, recai sobre a questão principal expressamente decidida (CPC, art. 503).

Como se viu, a coisa julgada, no CPC-1973, não recaía sobre a questão prejudicial decidida incidentemente no processo (CPC-1973, art. 469, III). O CPC-2015, por sua vez, no § 1º do art. 503, estende a coisa julgada à solução da questão prejudicial incidental. Há, portanto, a possibilidade de a coisa julgada abranger questão resolvida na *fundamentação* da decisão.

A coisa julgada pode estender-se, então, à solução da questão prejudicial incidental que tenha sido *expressamente* decidida na fundamentação da sentença. Para isso, é preciso que se preencham os requisitos previstos nos §§ 1º e 2º do art. 503 do CPC, os quais são cumulativos[2]. Não é necessário haver pedido da parte para que se produza a coisa julgada sobre a questão prejudicial decidida incidentemente no processo[3]. De igual modo, nos termos do Enunciado 438 do Fórum Permanente de Processualistas Civis, "*É desnecessário que a resolução expressa da questão prejudicial incidental esteja no dispositivo da decisão para ter aptidão de fazer coisa julgada*".

Não se produz coisa julgada sobre a questão prejudicial decidida incidentemente se, no processo, houver limitação cognitiva ou restrição

---

[2] Nesse sentido, o Enunciado 313 do Fórum Permanente de Processualistas Civis: "São cumulativos os pressupostos previstos nos § 1º e seus incisos, observado o § 2º do art. 503".

[3] Nesse sentido, o Enunciado 165 do Fórum Permanente de Processualistas Civis: "A análise de questão prejudicial incidental, desde que preencha os pressupostos dos parágrafos do art. 503, está sujeita à coisa julgada, independentemente de provocação específica para o seu reconhecimento".

probatória que impeçam o aprofundamento da análise da questão prejudicial (CPC, art. 503, § 2º).

É bem de ver que o CPC-2015 instituiu dois regimes jurídicos de coisa julgada: (a) o regime comum, aplicável à coisa julgada relativa às questões principais; (b) o regime especial, aplicável à coisa julgada das questões prejudiciais incidentais.

O regime diferenciado caracteriza-se pela exigência de preenchimento de alguns pressupostos específicos, previstos nos §§ do art. 503 do CPC.

CPC-2015	CPC-1973
Art. 503. A decisão que julgar total ou parcialmente o mérito tem força de lei nos limites da questão principal expressamente decidida.	Art. 468. A sentença, que julgar total ou parcialmente a lide, tem força de lei nos limites da lide e das questões decididas.
§ 1º O disposto no *caput* aplica-se à resolução de questão prejudicial, decidida expressa e incidentemente no processo, se:	Art. 470. Faz, todavia, coisa julgada a resolução da questão prejudicial, se a parte o requerer (artigos 5º e 325), o juiz for competente em razão da matéria e constituir pressuposto, necessário para o julgamento da lide.
I – dessa resolução depender o julgamento do mérito;	Sem correspondente no CPC 1973
II – a seu respeito tiver havido contraditório prévio e efetivo, não se aplicando no caso de revelia;	Sem correspondente no CPC 1973
III – o juízo tiver competência em razão da matéria e da pessoa para resolvê-la como questão principal.	Sem correspondente no CPC 1973
§ 2º A hipótese do § 1º não se aplica se no processo houver restrições probatórias ou limitações à cognição que impeçam o aprofundamento da análise da questão prejudicial.	Sem correspondente no CPC 1973

9.3. A PREVISÃO DO ART. 1.054 DO CPC-2015

O art. 1.054 do CPC-2015 assim dispõe: *"O disposto no art. 503, § 1º, somente se aplica aos processos iniciados após a vigência deste Código, aplicando-se aos anteriores o disposto nos arts. 5º, 325 e 470 da Lei nº 5.869, de 11 de janeiro de 1973".*

A lei processual, como já se viu ao longo dos diversos itens *supra*, tem aplicação imediata, respeitando os atos jurídicos perfeitos, o direito adquirido processual e a coisa julgada. O art. 503, § 1º, do novo Código até que poderia ter aplicação aos processos em curso. Por meio de seu art. 1.054, o CPC-2015 resolveu, porém, adotar, no tocante à coisa julgada sobre as questões prejudiciais decididas incidentemente, o sistema da *unidade processual*, restringindo a aplicação da nova regra apenas a processos futuros, instaurados depois de seu início de vigência.

A solução adotada revela-se prudente, evitando questionamentos a respeito da surpresa na adoção de novo regime de coisa julgada para questões prejudiciais decididas incidentemente no processo em curso. Também se evitam, com a adoção da regra prevista no art. 1.054, questionamentos sobre a efetividade e profundidade do contraditório exercido sem a ciência prévia das partes quanto à repercussão do julgamento e da coisa julgada em questão prejudicial decidida incidentemente.

Não há mais, no novo Código, ação declaratória incidental proposta pelo autor. A este cabe ou formular o pedido expresso (para que se produza a coisa julgada sobre a questão prejudicial principal – art. 503, *caput*), ou estimular o contraditório prévio e efetivo (para que se produza a coisa julgada sobre a questão prejudicial incidental – art. 503, §§ 1º e 2º).

A ação declaratória incidental persiste, porém, em duas hipóteses: (a) o réu pode ajuizá-la mediante reconvenção; (b) qualquer das partes pode ajuizá-la no caso de falsidade de documento (CPC, art. 430, par. ún.). Nem se diga que não há interesse de agir no ajuizamento da ação declaratória incidental. Há, sim, interesse de agir, pois a parte pode, em vez de querer a coisa julgada dos §§ do art. 503, preferir a do seu *caput*[4]. O regime da coisa julgada da questão principal é diferente do da questão incidental, não precisando preencher os requisitos previstos nos §§ do art. 503 do CPC.

As novas regras, advindas com o CPC-2015, somente se aplicam aos processos instaurados a partir do início de sua vigência. Aos processos

---

[4]   Nesse sentido, o Enunciado 111 do Fórum Permanente de Processualistas Civis: "Persiste o interesse no ajuizamento da ação declaratória quanto à questão prejudicial incidental".

em curso, já instaurados antes, aplica-se o regime do CPC-1973. Assim, se o processo fora instaurado ainda sob a vigência do Código revogado, aplicam-se-lhe os seus arts. 5º, 325 e 470, de modo que não haverá coisa julgada sobre a questão prejudicial decidida incidentemente no processo. Para que se produza a coisa julgada, será necessário transformá-la em questão principal, com o ajuizamento de ação declaratória incidental.

9.4. AÇÃO RESCISÓRIA

O CPC-2015 implementou novas regras para a ação rescisória, fazendo algumas alterações nas hipóteses de rescindibilidade e na contagem de prazo para seu ajuizamento.

Tais novidades somente se aplicam às ações rescisórias que forem ajuizadas para combater decisões transitadas em julgado já sob a vigência do novo Código. As decisões transitadas em julgado durante a vigência do Código revogado podem ser questionadas por ação rescisória fundada nas hipóteses e nos prazos regulados no CPC-1973.

A possibilidade de rescindir decisão rege-se pela lei vigente ao tempo de seu trânsito em julgado[5]. É com o trânsito em julgado que nasce o direito à rescisão e, consequentemente, à pretensão e à ação de rescisão de decisão judicial[6].

Nesse sentido, merece destaque o Enunciado 341 do Fórum Permanente de Processualistas Civis: *"O prazo para ajuizamento de ação rescisória é estabelecido pela data do trânsito em julgado da decisão rescindenda, de modo que não se aplicam as regras dos §§ 2º e 3º do art. 975 do CPC à coisa julgada constituída antes de sua vigência"*.

---

[5]   MIRANDA, Francisco Cavalcanti Pontes de. *Tratado da ação rescisória*. Atual. Vilson Rodrigues Alves. Campinas: Bookseller, 1998, § 55, p. 610-611; LACERDA, Galeno. Ob. cit., p. 56; BARBOSA MOREIRA, José Carlos. *Comentários ao Código de Processo Civil*. 15ª ed. Rio de Janeiro: Forense, 2009, v. 5, n. 90, p. 156; TALAMINI, Eduardo. *Coisa julgada e sua revisão*. São Paulo: RT, 2005, n. 8.11, p. 480-482.

[6]   MIRANDA, Francisco Cavalcanti Pontes de. *Comentários ao Código de Processo Civil*. Rio de Janeiro: Forense, 1975, t. VI, p. 474.

Capítulo 10

DIREITO INTERTEMPORAL EM RELAÇÃO AOS PRAZOS

Assista ao **vídeo 10** com considerações introdutórias referentes a este capítulo.

Instruções na primeira orelha do livro.

10.1. PRAZOS PROCESSUAIS AMPLIADOS NO CPC-2015

O CPC-2015 ampliou alguns prazos processuais.

Quando o réu, reconhecendo o fato constitutivo do direito do autor, apresenta outro que lhe seja impeditivo, modificativo ou extintivo, o autor, no CPC-1973, tinha o prazo de 10 (dez) dias para manifestar-se (CPC-1973, art. 326). No CPC-2015, esse prazo foi ampliado para 15 (quinze) dias (CPC, art. 350).

Suscitada preliminar na contestação do réu, o autor tinha, nos termos do art. 327 do CPC-1973, prazo de 10 (dez) dias para sobre ela manifestar-se. Tal prazo foi aumentado, no CPC-2015, para 15 (quinze) dias (CPC, art. 351).

O art. 407 do CPC-1973 previa o prazo de até 10 (dez) dias antes da audiência para o depósito em cartório do rol de testemunhas, caso o juiz não fixasse um prazo maior. O § 4º do art. 357 do CPC-2015 prevê que o juiz fixará prazo comum não superior a 15 (quinze) dias para que as partes apresentem rol de testemunhas.

De acordo com o art. 398 do CPC-1973, era de 5 (cinco) dias o prazo para que uma parte se manifestasse sobre documento juntado pela parte contrária. Tal prazo foi aumentado para 15 (quinze) dias pelo § 1º do art. 437 do CPC-2015, podendo o juiz, nos termos de seu § 2º, dilatar o prazo, levando em consideração a quantidade e a complexidade da documentação.

Na prova pericial, as partes tinham, segundo o disposto no art. 421, § 1º, do CPC-1973, 5 (cinco) dias para indicar assistente técnico e apresentar quesitos. Já o art. 465, § 1º, do CPC-2015 dispõe que às partes incumbe, no prazo de 15 (quinze) dias, arguir o impedimento ou a suspeição do perito, indicar assistente técnico e apresentar quesitos. Os assistentes técnicos, que tinham o prazo comum de 10 (dez) dias para oferecerem seus pareceres

(CPC-1973, art. 433, par. ún.), agora dispõem de 15 (quinze) dias para tanto (CPC, art. 477, § 1º).

Na ação para exigir prestação de contas, o réu era citado para, no prazo de 5 (cinco) dias, apresentá-las ou oferecer contestação (CPC-1973, art. 915). Tal prazo passou a ser de 15 (quinze) dias (CPC, art. 550).

O agravo de instrumento, que se sujeitava ao prazo de 10 (dez) dias no CPC-1973, passou a se submeter ao prazo de 15 (quinze) dias. O agravo interno, que tinha prazo de 5 (cinco) dias, também passou a ter prazo de 15 (quinze) dias (CPC, arts. 1.003, § 5º, e 1.070).

Na verdade, o CPC-2015 unificou os prazos recursais em 15 (quinze) dias, ressalvado o prazo para os embargos de declaração, que continua a ser de 5 (cinco) dias (CPC, art. 1.003, § 5º).

Nesses casos em que os prazos foram ampliados, não se aplica o CPC--2015 se, quando do início de sua vigência, o prazo antigo já se consumou ou se a parte já praticou o ato[1]. Os novos prazos, ampliados pelo CPC-2015, somente se aplicam para os atos a serem praticados a partir do início de sua vigência.

Não há qualquer dúvida ou polêmica quanto a isso. O que se questiona é a aplicação das novas regras aos prazos em curso quando do início de vigência do novo Código. Esses prazos são alcançados pela mudança? A resposta a essa pergunta é inçada de controvérsia.

Há quem defenda que a lei nova alcança os prazos em curso, iniciados sob a vigência da lei antiga. Para quem assim entende, os prazos em curso consideram-se recomeçados na data de vigência da nova lei e por ela serão regulados. Isso porque *um prazo em curso não gera nenhuma situação jurídica definitiva, a ser reconhecida pela lei nova*[2]. Para essa corrente doutrinária, não interessa se o novo prazo é maior ou menor que o previsto na lei revogada: aplica-se a lei nova aos prazos em curso, devendo a parte

---

[1] "A regra é que o termo, decorrido sob o império da lei antiga, determina a decadência ou a preclusão da situação processual, sem que seja possível fazê-la reviver por aplicação da lei nova, que estabeleça termo mais dilatado" (ESPINOLA, Eduardo; ESPINOLA FILHO, Eduardo. *A Lei de Introdução ao Código Civil brasileiro*, cit., n. 124, p. 487). No mesmo sentido: ESPINOLA, Eduardo; ESPINOLA FILHO, Eduardo. *Tratado de direito civil brasileiro*, cit., n. 68, p. 252.

[2] VALLADÃO, Haroldo. Ob. cit., p. 85-87.

CAPÍTULO 10 • DIREITO INTERTEMPORAL EM RELAÇÃO AOS PRAZOS | **165**

ser novamente intimada para praticar o ato, agora com o prazo novo, que se aplica imediatamente[3].

Por sua vez, há quem entenda que, mesmo estando em curso o prazo previsto na lei antiga, aplica-se o prazo estabelecido na lei nova, quando este for maior. Se o prazo tiver sido aumentado pela lei nova, deve aplicar-se imediatamente. A lei nova não se aplica quando o prazo tiver sido reduzido, pois aí haveria violação de direito[4].

E, finalmente, há quem sustente que os prazos previstos na lei nova, sejam os que foram aumentados, sejam os que foram abreviados, não podem ser aplicados aos casos em que já haja prazo em curso. É vedado à lei nova retroagir, não podendo atingir o direito adquirido de praticar o ato na situação mais vantajosa (quando há redução do prazo) ou, inversamente, o direito adquirido do adversário à preclusão final do prazo antigo (quando há ampliação do prazo)[5].

O entendimento segundo o qual a lei nova aplica-se aos prazos em curso baseia-se no direito intertemporal relativo aos prazos de prescrição. O entendimento relativo à prescrição está, aliás, consagrado no enunciado 445 da Súmula do STF, segundo o qual *"A Lei 2.437, de 7.3.55, que reduz prazo prescricional, é aplicável às prescrições em curso, na data de sua vigência (1.1.56), salvo quanto aos processos então pendentes"*. A mudança de um prazo de prescrição aplica-se imediatamente aos prazos em curso. Não é possível, porém, equiparar a contagem de um prazo para a prática de um ato processual com um prazo prescricional.

---

[3] Para Wilson de Souza Campos Batalha, "Os prazos processuais subordinam-se ao princípio genérico de Direito intertemporal a propósito de prazos. Assim, se o prazo fixado pela lei nova é maior que o fixado pela lei antiga, aplica-se o prazo da lei nova, computado o período fluído na vigência da lei antiga. Se, ao contrário, o prazo fixado pela lei nova é menor que o prazo da lei antiga, aplica-se o prazo da lei nova, computado a partir da sua data de vigência, salvo se o prazo maior, computado de acordo com a lei antiga, escoar-se antes" (Ob. cit., p. 557).

[4] MIRANDA, Francisco Cavalcanti Pontes de. *Comentários ao Código de Processo Civil*, cit., p. 40 e p. 46.

[5] ROUBIER, Paul. *Le droit transitorie (conflits des lois dans le temps)*. 2ª ed. Paris: Éditions Dalloz et Sirey, 1960, n. 105, p. 565; MAXIMILIANO, Carlos. Ob. cit., n. 232, p. 272; ASSIS, Araken de. Ob. cit., n. 69.2, p. 239-240; ESPINOLA, Eduardo; ESPINOLA FILHO, Eduardo. *A Lei de Introdução ao Código Civil brasileiro*, cit., n. 124, p. 487; ESPINOLA, Eduardo; ESPINOLA FILHO, Eduardo. *Tratado de direito civil brasileiro*, cit., n. 68, p. 252.

A prescrição aquisitiva é, nas palavras de R. Limongi França, um direito de aquisição sucessiva. A parte adquire o prazo já transcorrido e passa, com a nova lei, a sujeitar-se ao novo prazo, seja ele maior, seja ele menor[6]. De igual modo, a prescrição extintiva submete-se ao novo prazo, pois, como se sabe, a prescrição não extingue o direito, apenas encobre a pretensão. Os prazos prescricionais não destroem o direito, não cancelam nem apagam as pretensões. Apenas, encobrindo a eficácia da pretensão, atendem à conveniência de que não perdure por muito tempo a exigibilidade[7].

As regras que se referem ao regime de direito intertemporal e se aplicam aos prazos prescricionais não podem ter a mesma incidência quando o prazo for destinado à prática de um ato processual. O prazo para a prática do ato processual constitui requisito dele, afetando o próprio direito à realização do ato. As inovações legislativas quanto a prazos de prescrição incidem desde logo, seja para diminui-los, seja para ampliá-los, ainda que estejam em curso. Já para os prazos processuais, as regras do direito intertemporal são as mesmas dos prazos de decadência[8]. Nesse último caso, o direito e o prazo são inseparáveis, não podendo haver retroação para aplicar o prazo da lei nova a uma hipótese em que o prazo decadencial ou um prazo processual já esteja em curso[9].

A decadência do direito nascido no regime da lei velha continua por ela regida, ainda que o prazo só venha a se consumar sob o império da lei nova. Esse tema já foi enfrentado em campo de direito processual quando se reduziu o prazo da ação rescisória de 5 (cinco) para 2 (dois) anos. O regime de direito intertemporal dos prazos processuais é o mesmo da decadência.

No sistema brasileiro, em que vigora a norma constitucional que garante a irretroatividade das leis, deve-se considerar que a mudança operada pelo novo enunciado normativo não alcança os prazos em curso. Nem o seu aumento, nem a sua redução podem ser imediatamente aplicados para a prática de um ato cujo prazo já se iniciou. Iniciada a sua contagem sob a lei antiga, esta aplica-se até o final.

---

[6] FRANÇA, R. Limongi. *A irretroatividade das leis e o direito adquirido*. 5ª ed. São Paulo: Saraiva, 1998, p. 243-247.

[7] MIRANDA, Francisco Cavalcanti Pontes de. *Tratado de direito privado*. Rio de Janeiro: Borsoi, 1955, t. 6, § 662, n. 2, p. 101.

[8] ROUBIER, Paul. Ob. cit., n. 64, p. 297-301.

[9] MAXIMILIANO, Carlos. Ob. cit., n. 221, p. 258-259.

CAPÍTULO 10 · DIREITO INTERTEMPORAL EM RELAÇÃO AOS PRAZOS | **167**

O ato praticado e seus efeitos não podem ser atingidos pela lei nova.

Com efeito, o prazo processual, *"uma vez começado, não mais é suscetível de ser aumentado, nem diminuído, sem retroatividade condenável"*[10]. A garantia de irretroatividade das leis no sistema brasileiro conduz à conclusão de que, *"em matéria de direito intertemporal, os prazos já iniciados devem ter sua duração regulada pela lei vigente no momento em que principiam a correr, sendo vedada sua dilatação ou diminuição, como resultado da aplicação imediata da legislação nova"*[11].

Nesse sentido, aliás, é o Enunciado 267 do Fórum Permanente de Processualistas Civis: *"Os prazos processuais iniciados antes da vigência do CPC serão integralmente regulados pelo regime revogado"*.

CPC-2015	CPC-1973
Art. 350. Se o réu alegar fato impeditivo, modificativo ou extintivo do direito do autor, este será ouvido no prazo de 15 (quinze) dias, permitindo-lhe o juiz a produção de prova.	**Art. 326.** Se o réu, reconhecendo o fato em que se fundou a ação, outro lhe opuser impeditivo, modificativo ou extintivo do direito do autor, este será ouvido no prazo de dez dias, facultando-lhe o juiz a produção de prova documental.
Art. 351. Se o réu alegar qualquer das matérias enumeradas no art. 337, o juiz determinará a oitiva do autor no prazo de 15 (quinze) dias, permitindo-lhe a produção de prova. **Art. 352.** Verificando a existência de irregularidades ou de vícios sanáveis, o juiz determinará sua correção em prazo nunca superior a 30 (trinta) dias.	**Art. 327.** Se o réu alegar qualquer das matérias enumeradas no artigo 301, o juiz mandará ouvir o autor no prazo de dez dias, permitindo-lhe a produção de prova documental. Verificando a existência de irregularidades ou de nulidades sanáveis, o juiz mandará supri-las, fixando à parte prazo nunca superior a 30 (trinta) dias.
Art. 357 (...) § 4º Caso tenha sido determinada a produção de prova testemunhal, o juiz fixará prazo comum não superior a 15 (quinze) dias para que as partes apresentem rol de testemunhas.	**Art. 407.** Incumbe às partes, no prazo que o juiz fixará ao designar a data da audiência, depositar em cartório o rol de testemunhas, precisando-lhes o nome, profissão, residência e o local de trabalho; omitindo-se o juiz, o rol será apresentado até dez dias antes da audiência.

---

[10] MAXIMILIANO, Carlos. Ob. cit., n. 232, p. 272.

[11] TUCCI, Rogério Lauria. *Direito intertemporal e a nova codificação processual penal.* São Paulo: Bushatsky, 1975, n. 23, p. 37.

CPC-2015	CPC-1973
Art. 437 (...) § 1º Sempre que uma das partes requerer a juntada de documento aos autos, o juiz ouvirá, a seu respeito, a outra parte, que disporá do prazo de 15 (quinze) dias para adotar qualquer das posturas indicadas no art. 436.	**Art. 398.** Sempre que uma das partes requerer a juntada de documento aos autos, o juiz ouvirá, a seu respeito, a outra, no prazo de **5 (cinco) dias**.
Art. 465. O juiz nomeará perito especializado no objeto da perícia e fixará de imediato o prazo para a entrega do laudo.	**Art. 421.** O juiz nomeará o perito, fixando de imediato o prazo para a entrega do laudo.
§ 1º Incumbe às partes, dentro de 15 (quinze) dias contados da intimação do despacho de nomeação do perito:	§ 1º Incumbe às partes, dentro <u>em cinco dias</u>, contados da intimação do despacho de nomeação do perito:
I – arguir o impedimento ou a suspeição do perito, se for o caso;	Sem correspondente no CPC-1973.
II – indicar assistente técnico;	I – indicar o assistente técnico;
III – apresentar quesitos.	II – apresentar quesitos.
§ 2º Ciente da nomeação, o perito apresentará em 5 (cinco) dias:	Sem correspondente no CPC-1973.
I – proposta de honorários;	Sem correspondente no CPC-1973.
II – currículo, com comprovação de especialização;	Art. 145, § 2º Os peritos comprovarão sua especialidade na matéria sobre que deverão opinar, mediante certidão do órgão profissional em que estiverem inscritos.
III – contatos profissionais, em especial o endereço eletrônico, para onde serão dirigidas as intimações pessoais.	Sem correspondente no CPC-1973.

CAPÍTULO 10 • DIREITO INTERTEMPORAL EM RELAÇÃO AOS PRAZOS | 169

CPC-2015	CPC-1973
§ 3° As partes serão intimadas da proposta de honorários, para, querendo, manifestar-se no prazo comum de 5 (cinco) dias, após o que o juiz arbitrará o valor, intimando-se as partes para os fins do art. 95.	Sem correspondente no CPC-1973.
Art. 477. O perito protocolará o laudo em juízo, no prazo fixado pelo juiz, pelo menos 20 (vinte) dias antes da audiência de instrução e julgamento.	**Art. 433.** O perito apresentará o laudo em cartório, no prazo fixado pelo juiz, pelo menos **vinte dias** antes da audiência de instrução e julgamento.
§ 1° As partes serão intimadas para, querendo, manifestar-se sobre o laudo do perito do juízo no prazo comum de 15 (quinze dias), podendo o assistente técnico de cada uma das partes, em igual prazo, apresentar seu respectivo parecer.	Parágrafo único. Os assistentes técnicos oferecerão seus pareceres no prazo comum de **10 (dez) dias**, após intimadas as partes da apresentação do laudo.
§ 2° O perito do juízo tem o dever de, no prazo de 15 (quinze) dias, esclarecer ponto:	Sem correspondente no CPC-1973.
I – sobre o qual exista divergência ou dúvida de qualquer das partes, do juiz ou do órgão do Ministério Público;	Sem correspondente no CPC-1973.
II – divergente apresentado no parecer do assistente técnico da parte.	Sem correspondente no CPC-1973.
§ 3° Se ainda houver necessidade de esclarecimentos, a parte requererá ao juiz que mande intimar o perito ou o assistente técnico a comparecer à audiência de instrução e julgamento, formulando, desde logo, as perguntas, sob forma de quesitos.	**Art. 435.** A parte, que desejar esclarecimento do perito e do assistente técnico, requererá ao juiz que mande intimá-lo a comparecer à audiência, formulando desde logo as perguntas, sob forma de quesitos.
§ 4° O perito ou o assistente técnico será intimado por meio eletrônico, com pelo menos 10 (dez) dias de antecedência da audiência.	Parágrafo único. O perito e o assistente técnico só estarão obrigados a prestar os esclarecimentos a que se refere este artigo, quando intimados **5 (cinco) dias** antes da audiência.

CPC-2015	CPC-1973
Art. 550. Aquele que afirmar ser titular do direito de exigir contas requererá a citação do réu para que as preste ou ofereça contestação no prazo de 15 (quinze) dias.	**Art. 914.** A ação de prestação de contas competirá a quem tiver: (...) **Art. 915.** Aquele que pretender exigir a prestação de contas requererá a citação do réu para, no prazo de **5 (cinco) dias**, as apresentar ou contestar a ação. (...)
§ 1º Na petição inicial, o autor especificará, detalhadamente, as razões pelas quais exige as contas, instruindo-a com documentos comprobatórios dessa necessidade, se existirem.	Sem correspondente no CPC-1973.
§ 2º Prestadas as contas, o autor terá 15 (quinze) dias para se manifestar, prosseguindo-se o processo na forma do Capítulo X do Título I deste Livro.	§ 1º Prestadas as contas, terá o autor **5 (cinco) dias** para dizer sobre elas; havendo necessidade de produzir provas, o juiz designará audiência de instrução e julgamento; em caso contrário, proferirá desde logo a sentença.
§ 3º A impugnação das contas apresentadas pelo réu deverá ser fundamentada e específica, com referência expressa ao lançamento questionado.	Sem correspondente no CPC-1973.
§ 4º Se o réu não contestar o pedido, observar-se-á o disposto no art. 355. § 5º A decisão que julgar procedente o pedido condenará o réu a prestar as contas no prazo de 15 (quinze) dias, sob pena de não lhe ser lícito impugnar as que o autor apresentar.	§ 2º Se o réu não contestar a ação ou não negar a obrigação de prestar contas, observar-se-á o disposto no artigo 330; a sentença, que julgar procedente a ação, condenará o réu a prestar as contas no prazo de quarenta e oito horas, sob pena de não lhe ser lícito impugnar as que o autor apresentar.
6º Se o réu apresentar as contas no prazo previsto no § 5º, seguir-se-á o procedimento do § 2º, caso contrário, o autor apresentá-las-á no prazo de 15 (quinze) dias, podendo o juiz determinar a realização de exame pericial, se necessário.	§ 3º Se o réu apresentar as contas dentro do prazo estabelecido no parágrafo anterior, seguir-se-á o procedimento do § 1º deste artigo; em caso contrário, apresentá-las-á o autor dentro em **10 (dez) dias**, sendo as contas julgadas segundo o prudente arbítrio do juiz, que poderá determinar, se necessário, a realização do exame pericial contábil.

CAPÍTULO 10 • DIREITO INTERTEMPORAL EM RELAÇÃO AOS PRAZOS | 171

CPC-2015	CPC-1973
Art. 1.003. O prazo para interposição de recurso conta-se da data em que os advogados, a sociedade de advogados, a Advocacia Pública, a Defensoria Pública ou o Ministério Público são intimados da decisão.	**Art. 242.** O prazo para <u>a</u> interposição de recurso conta-se da data, em que os advogados são intimados da decisão, <u>da sentença ou do acórdão.</u> **Art. 506.** <u>O prazo para a interposição do recurso, aplicável em todos os casos o disposto no artigo 184 e seus parágrafos, contar-se-á da data:</u> I – <u>da leitura da sentença em audiência;</u> II – <u>da intimação às partes, quando a sentença não</u> for proferida <u>em audiência;</u> III – <u>da publicação do dispositivo do acórdão no órgão oficial.</u>
§ 1º Os sujeitos previstos no *caput* considerar-se-ão intimados em audiência quando nesta for proferida a decisão.	**Art. 242,** § 1º <u>Reputam</u>-se intimados <u>na</u> audiência, quando nesta <u>é publicada</u> a decisão <u>ou a sentença.</u> **Art. 506.** <u>O prazo para a interposição do recurso, aplicável em todos os casos o disposto no artigo 184 e seus parágrafos, contar-se-á da data:</u> I – <u>da leitura da sentença em audiência;</u> II – <u>da intimação às partes, quando a sentença não</u> for proferida <u>em audiência;</u> III – <u>da publicação do dispositivo do acórdão no órgão oficial.</u>
§ 2º Aplica-se o disposto no art. 231, incisos I a VI, ao prazo de interposição de recurso pelo réu contra decisão proferida anteriormente à citação.	Sem correspondente no CPC-1973.
§ 3º No prazo para interposição de recurso, a petição será protocolada em cartório ou conforme as normas de organização judiciária, ressalvado o disposto em regra especial.	**Art. 506, Parágrafo único.** No prazo para <u>a</u> interposição <u>do</u> recurso, a petição será protocolada em cartório ou <u>segundo a norma</u> de organização judiciária, ressalvado o disposto <u>no § 2º do art. 525 desta Lei.</u>
§ 4º Para aferição da tempestividade do recurso remetido pelo correio, será considerada como data de interposição a data de postagem.	Sem correspondente no CPC-1973. # Artigo relacionado do CPC-1973 # **Art. 525,** § 2º <u>No prazo do recurso, a petição será protocolada no tribunal, ou postada no correio sob registro com aviso de recebimento, ou, ainda, interposta por outra forma prevista na lei local.</u>

CPC-2015	CPC-1973
§ 5° Excetuados os embargos de declaração, o prazo para interpor os recursos e para responder-lhes é de 15 (quinze) dias.	**Art. 508.** <u>Na apelação, nos embargos infringentes, no recurso ordinário, no recurso especial, no recurso extraordinário e nos</u> embargos de <u>divergência</u>, o prazo para interpor e para responder é de **15 (quinze) dias.**
§ 6° O recorrente comprovará a ocorrência de feriado local no ato de interposição do recurso.	Sem correspondente no CPC-1973.
Art. 1.070. É de 15 (quinze) dias o prazo para a interposição de qualquer agravo, previsto em lei ou em regimento interno de tribunal, contra decisão de relator ou outra decisão unipessoal proferida em tribunal.	Sem correspondente no CPC-1973.

10.2. CONTAGEM DOS PRAZOS PROCESSUAIS

Na contagem do prazo em dias, computam-se apenas os dias úteis, seja o prazo legal, seja ele judicial (CPC, art. 219). Tal regra aplica-se apenas aos prazos processuais, ou seja, àqueles prazos para prática de atos *dentro* do processo, sendo *nele* contados; sua contagem se dá no processo, em função do processo, durante o processo, encerrando-se no processo. Desse modo, o prazo, por exemplo, para impetração do mandado de segurança não é processual, não sendo computado apenas nos dias úteis. Os 120 (cento e vinte) dias para sua impetração devem ser corridos, pois não se trata de um prazo que corre num processo ou dentro dele; não é, enfim, um processo processual.

O Código não define o que são dias úteis, mas seu art. 216 esclarece o que se considera, para efeito forense, feriado. Além dos declarados em lei, são feriados os sábados, os domingos e os dias em que não houver expediente forense. Consequentemente, são dias úteis os demais. A definição de dia útil é obtida por exclusão. É um conceito residual: o que não for feriado é dia útil.

Não se contam prazos durante os feriados. Isso porque, como já acentuado, na contagem de prazos em dias, computam-se apenas os úteis (CPC, art. 219). Não é incomum haver a sequência de feriados consecutivos. Nesse caso, não se contam dias de feriados, computando-se somente os dias úteis.

A Lei Complementar nº 35/1979, conhecida como Lei Orgânica da Magistratura Nacional – LOMAN –, em seu art. 66, § 1º, estabelece que, no período de 2 a 31 de janeiro e, igualmente, de 2 a 31 de julho, os membros dos tribunais gozam de férias coletivas, podendo a legislação local fixar, num desses períodos, férias coletivas para os juízes de primeira instância. De acordo com o referido dispositivo, os magistrados dispõem do direito a férias anuais, de sessenta dias, coletivas ou individuais. Ressalvados os membros dos TRTs, que sempre tiveram férias individuais, os membros dos demais Tribunais gozavam, nos termos do referido dispositivo, de férias coletivas, nos períodos de 2 a 31 de janeiro e de 2 a 31 de julho. Naqueles dois períodos, também há férias coletivas para os tribunais superiores. Os casos de urgência, nesses períodos de férias coletivas, são analisados, nos tribunais superiores, por seus respectivos presidentes.

O art. 93 da Constituição Federal sofreu algumas modificações pela Emenda Constitucional nº 45, de 2004, vindo a ser introduzido o inciso XII, com a seguinte redação: *"XII – a atividade jurisdicional será ininterrupta, sendo vedado férias coletivas nos juízos e tribunais de segundo grau, funcionando, nos dias em que não houver expediente forense normal, juízes em plantão permanente"*. Atualmente, portanto, não há férias coletivas na primeira e segunda instâncias. Só há férias coletivas nos tribunais superiores, nos períodos de 2 a 31 de janeiro e de 2 a 31 de julho.

As férias coletivas foram abolidas pela Emenda Constitucional nº 45, de 2004, apenas para os juízes de primeira instância e, igualmente, para os tribunais de segunda instância. Quanto aos tribunais superiores, foram mantidas as férias coletivas. Então, no âmbito dos tribunais superiores, todas as regras relacionadas com as férias coletivas estão mantidas.

Nas férias, não se praticam atos processuais, salvas as citações, intimações e penhoras, bem como a tutela de urgência e os atos dos procedimentos relacionados no art. 215. Não se pratica, nas férias, tutela de evidência; só a de urgência. Logo, não há contagem de prazos.

Rigorosamente, as férias ocorrem em dias úteis. Se houvesse prática de atos processuais nas férias, os prazos correriam normalmente. Como, porém, não se praticam atos nas férias, não há prazos a serem observados. Durante as férias, podem ser praticados os atos de citação, intimação e penhora, bem como a tutela antecipada e os dos processos mencionados no art. 215. Nesses casos, correm prazos nos dias úteis.

No CPC-1973, os prazos eram computados de modo contínuo, em dias úteis e em feriados, suspendendo-se na superveniência de férias. Atualmente, não há mais suspensão de prazos nas férias, pois só se computam prazos em dias úteis e não há prática de atos nas férias. Nos casos em que se praticam atos nas férias, os prazos são computados apenas nos dias úteis.

Se, quando do início de vigência do CPC-2015, o prazo para a prática do ato processual já havia transcorrido ou estava em curso, sua contagem foi em dias corridos, assim se mantendo. Para os atos cujo prazo ainda não teve início, já se aplica o novo Código.

Mesmo que a determinação para a prática do ato seja anterior, a contagem prevista no novo Código aplica-se aos prazos que tenham início já na sua vigência. Assim, por exemplo, se o juiz determinou, ainda sob a vigência do Código revogado, a prática de determinado ato, se o início de seu prazo só se operou já na vigência do novo Código, a contagem será feita apenas em dias úteis, com aplicação da nova regra.

Isso porque o ato deve sujeitar-se à lei em vigor no momento de sua prática (CPC, arts. 14 e 1.046). Aliás, assim esclarece o Enunciado 268 do Fórum Permanente de Processualistas Civis: *"A regra de contagem de prazos em dias úteis só se aplica aos prazos iniciados após a vigência do novo Código"*.

CPC-2015	CPC-1973
Art. 219. Na contagem de prazo em dias, estabelecido por lei ou pelo juiz, computar-se-ão somente os dias úteis.	Sem correspondente no CPC-1973.
Parágrafo único. O disposto neste artigo aplica-se somente aos prazos processuais.	Sem correspondente no CPC-1973.

10.3. SUSPENSÃO DOS PRAZOS

O art. 220 do CPC dispõe que se suspende o curso do prazo processual nos dias compreendidos entre 20 de dezembro e 20 de janeiro, inclusive[12]. Não há mais férias coletivas nas primeira e segunda instâncias, mas são suspensos os prazos durante o período de 20 de dezembro a 20 de janeiro. Nesse período, ressalvados o recesso da Justiça Federal (aplicável aos tribunais superiores), os recessos locais, os feriados e as férias individuais, os juízes, membros do Ministério Público, da Defensoria Pública e da Advocacia Pública, bem como os auxiliares da Justiça, exercem normal-

---

[12] Enunciado 269 do Fórum Permanente de Processualistas Civis: "A suspensão de prazos de 20 de dezembro a 20 de janeiro é aplicável aos Juizados Especiais".

mente suas atribuições, praticando atos processuais. Os atos, enfim, são realizados normalmente. Apenas não correm prazos. Os que já tiveram início antes ficam suspensos, voltando a correr pelo período sobejante a partir do primeiro dia útil após o dia 20 de janeiro. Durante esse período de suspensão do prazo, também não se realizam audiências nem sessões de julgamento.

Tal regra, como é fácil perceber, somente será aplicável a partir de 2017, pois o novo Código entrou em vigor em março de 2016, quando o período de suspensão de prazos já havia passado.

CPC-2015	CPC-1973
Art. 220. Suspende-se o curso do prazo processual nos dias compreendidos entre 20 de dezembro e 20 de janeiro, inclusive.	**Art. 179.** A superveniência de férias suspenderá o curso do prazo; o que lhe sobejar recomeçará a correr do primeiro dia útil seguinte ao termo das férias.
§ 1º Ressalvadas as férias individuais e os feriados instituídos por lei, os juízes, os membros do Ministério Público, da Defensoria Pública e da Advocacia Pública e os auxiliares da Justiça exercerão suas atribuições durante o período previsto no *caput*.	Sem correspondente no CPC-1973.
§ 2º Durante a suspensão do prazo, não se realizarão audiências nem sessões de julgamento.	Sem correspondente no CPC-1973.

10.4. PRAZOS DIFERENCIADOS (CONTADOS EM DOBRO PARA A FAZENDA PÚBLICA, PARA O MINISTÉRIO PÚBLICO E PARA A DEFENSORIA PÚBLICA)

No regime do CPC-1973, a Fazenda Pública e o Ministério Público dispunham de prazos em quádruplo para contestar e em dobro para recorrer. Os demais atos sujeitavam-se a prazos simples, sem qualquer prerrogativa. Já a Defensoria Pública dispunha de prazo em dobro para todos os atos praticados no processo.

No CPC-2015, seu art. 180 dispõe que o Ministério Público goza de prazo em dobro para manifestar-se nos autos, cuja contagem tem início a partir de sua intimação pessoal. Por sua vez, o seu art. 183 prevê essas duas prerrogativas para a Fazenda Pública. Enquanto seu *caput* dispõe que a União, os Estados, o Distrito Federal, os Municípios e suas respectivas autarquias e fundações gozam de prazos em dobro, seu § 1º estabelece a intimação pessoal. Já o art. 186 do CPC enuncia que a Defensoria Pública goza de prazo em dobro para suas manifestações, estando, em seu § 1º, a previsão da intimação pessoal.

Há, como se vê, um regime único dessas prerrogativas para a Fazenda Pública, o Ministério Público e a Defensoria Pública.

Tais regras não se aplicam a prazos em curso. Se, por exemplo, quando iniciada a vigência do novo Código estava em curso um prazo para a Fazenda Pública contestar, tal prazo não será reduzido, tal como já demonstrado no item 10.1, *supra*.

As novas regras somente se aplicam para a prática de atos cujo prazo somente tenha início depois da vigência do novo Código. Nesse sentido, o Enunciado 399 do Fórum Permanente de Processualistas Civis: *"Os arts. 180 e 183 somente se aplicam aos prazos que se iniciarem na vigência do CPC de 2015, aplicando-se a regulamentação anterior aos prazos iniciados sob a vigência do CPC de 1973".*

CPC-2015	CPC-1973
Art. 180. O Ministério Público gozará de prazo em dobro para manifestar-se nos autos, que terá início a partir de sua intimação pessoal, nos termos do art. 183, § 1º.	**Art. 188.** Computar-se-á em quádruplo o prazo para contestar e em dobro para recorrer quando a parte for a Fazenda Pública ou o Ministério Público.
§ 1º Findo o prazo para manifestação do Ministério Público sem o oferecimento de parecer, o juiz requisitará os autos e dará andamento ao processo.	Sem correspondente no CPC-1973.
§ 2º Não se aplica o benefício da contagem em dobro quando a lei estabelecer, de forma expressa, prazo próprio para o Ministério Público.	Sem correspondente no CPC-1973.

CPC-2015	CPC-1973
Art. 183. A União, os Estados, o Distrito Federal, os Municípios e suas respectivas autarquias e fundações de direito público gozarão de prazo em dobro para todas as suas manifestações processuais, cuja contagem terá início a partir da intimação pessoal.	**Sem correspondente no CPC-1973.** **# Artigo relacionado do CPC-1973** # Art. 188. Computar-se-á em quádruplo o prazo para contestar e em dobro para recorrer quando a parte for a Fazenda Pública ou o Ministério Público.

CPC-2015	CPC-1973
§ 1º A intimação pessoal far-se-á por carga, remessa ou meio eletrônico.	Sem correspondente no CPC 1973.
§ 2º Não se aplica o benefício da contagem em dobro quando a lei estabelecer, de forma expressa, prazo próprio para o ente público.	Sem correspondente no CPC 1973.

10.5. PRAZO EM DOBRO PARA LITISCONSORTES COM PROCURADORES DIFERENTES

O art. 191 do CPC-1973 assim dispunha: *"Quando os litisconsortes tiverem diferentes procuradores, ser-lhes-ão contados em dobro os prazos para contestar, para recorrer e, de modo geral, para falar nos autos".*

A regra é reproduzida no art. 229 do novo Código, com o detalhe de que os diferentes advogados devem integrar escritórios de advocacia distintos. O texto normativo do CPC-2015 elimina o entendimento manifestado em precedentes que afirmavam ser o dispositivo *"também incidente no caso de os advogados serem do mesmo escritório"*[13].

A novidade, na realidade, está no § 2º do art. 229 do CPC-2015, segundo o qual a regra não se aplica aos processos em autos eletrônicos. Tal novidade somente se aplica aos prazos que tiverem início sob a vigência do novo Código. A nova regra não incide nos prazos já esgotados nem naqueles em curso quando do início de vigência do CPC-2015. Esse, aliás, é o teor do Enunciado 275 do Fórum Permanente de Processualistas Civis: *"Nos processos que tramitam eletronicamente, a regra do art. 229, § 2º, não se aplica aos prazos já iniciados no regime anterior".*

CPC-2015	CPC-1973
Art. 229. Os litisconsortes que tiverem diferentes procuradores, de escritórios de advocacia distintos, terão prazos contados em dobro para todas as suas manifestações, em qualquer juízo ou tribunal, independentemente de requerimento.	**Art. 191.** Quando os litisconsortes tiverem diferentes procuradores, ser-lhes-ão contados em dobro os prazos para contestar, para recorrer e, de modo geral, para falar nos autos.

---

[13] STJ, 3ª Turma, EDcl no AgRg no AREsp 325.518/ES, rel. Min. Sidnei Beneti, j. 27.8.2013, *DJe* 9.9.2013.

CPC-2015	CPC-1973
§ 1º Cessa a contagem do prazo em dobro se, havendo apenas 2 (dois) réus, é oferecida defesa por apenas um deles.	Sem correspondente no CPC-1973.
§ 2º Não se aplica o disposto no *caput* aos processos em autos eletrônicos.	Sem correspondente no CPC-1973.

BIBLIOGRAFIA

ALVIM NETO, José Manuel de Arruda; MICHELI, Gian Antônio; FORNACIARI JÚNIOR, Clito; PELUSO, Antônio Cezar; ARRUDA, Antônio Carlos Matteis de. "Promoção do juiz depois de terminada a instrução e antes da prolação da sentença". *Revista de Processo*. São Paulo: RT, v. 4, out./dez. 1976.

AMARAL, Guilherme Rizzo. *Estudos de direito intertemporal e processo*. Porto Alegre: Livraria do Advogado, 2007.

ARIETA, Giovanni. *La sentenza sulla competenza*: struttura, efficacia e stabilità. Padova: Cedam, 1990.

ASSIS, Araken de. *Processo civil brasileiro*. São Paulo: RT, 2015, v. 1.

ÁVILA, Humberto. *Teoria da segurança jurídica*. 3ª ed. São Paulo: Malheiros, 2014.

AZEVEDO, Gustavo Henrique Trajano de; MACÊDO, Lucas Buril de. "Protesto de decisão judicial". *Revista de Processo*. São Paulo: RT, v. 244, jun. 2015.

BARBOSA, Ruy. "Leis retroativas e interpretativas no direito brasileiro". *Obras completas*. Rio de Janeiro: Ministério de Educação e Cultura, 1948, v. XXV, t. IV.

BARBOSA MOREIRA, José Carlos. *Comentários ao Código de Processo Civil*. 15ª ed. Rio de Janeiro: Forense, 2009. v. 5.

_____. "Questões prejudiciais e questões preliminares". *Direito processual civil – ensaios e pareceres*. Rio de Janeiro: Borsoi, 1971.

BATALHA, Wilson de Souza Campos. *Direito intertemporal*. Rio de Janeiro: Forense, 1980.

BOBBIO, Noberto. "La certezza del diritto è un mito?". *Rivista Internazionale di Filosofia del Diritto*, v. XXVIII, 1951.

BONDIOLI, Luís Guilherme Aidar. "Comentários ao art. 903". In: CABRAL, Antonio do Passo; CRAMER, Ronaldo (coords.). *Comentários ao novo Código de Processo Civil*. Rio de Janeiro: Forense, 2015.

BONUMÁ, João. *Direito processual civil.* São Paulo: Saraiva, 1946. v. 1.

BRAGA, Paula Sarno. *Norma de processo e norma de procedimento*: o problema da repartição de competência legislativa no direito constitucional brasileiro. Salvador: JusPodivm, 2015.

CABRAL, Antonio do Passo. *Coisa julgada e preclusões dinâmicas*: entre continuidade, mudança e transição de posições processuais estáveis. 2ª ed. Salvador: JusPodivm, 2014.

CAMARGO, Luiz Henrique Volpe. "Os honorários advocatícios pela sucumbência recursal no CPC/2015". *Doutrina selecionada* – parte geral. Salvador: JusPodivm, 2015.

CAPPONI, Bruno. *Appunti sulla legge processuale civile (fonti e vicende).* Torino: Giappichelli, 1999.

CHIOVENDA, Giuseppe. "La natura processuale delle norme sulla prova e l'efficacia della legge processuale nel tempo". *Saggi di diritto processuale civile (1894-1937).* Milano: Giuffrè, 1993. v. 1.

COMOGLIO, Luigi Paolo; FERRI, Corrado; TARUFFO, Michele. *Lezioni sul processo civile – I. Il processo ordinario di cognizione.* 3ª ed. Bologna: il Mulino, 2005.

COSTA, Alfredo Araújo Lopes da. *Direito processual civil brasileiro.* 2ª ed. Rio de Janeiro: Forense, 1959.

CRAMER, Ronaldo. "Comentários ao art. 1.047". In: WAMBIER, Teresa Arruda Alvim; DIDIER JR., Fredie; TALAMINI, Eduardo; DANTAS, Bruno (coords.). *Breves comentários ao novo Código de Processo Civil.* São Paulo: RT, 2015.

CUNHA, Leonardo Carneiro da. *A Fazenda Pública em juízo.* 13ª ed. Rio de Janeiro: Forense, 2016.

_____. *Jurisdição e competência.* 2ª ed. São Paulo: RT, 2013.

DELLORE, Luiz. "Comentários ao art. 85 do CPC". *Teoria geral do processo*: comentários ao CPC de 2015 – parte geral. São Paulo: Método, 2015.

DIDIER JR., Fredie; CUNHA, Leonardo Carneiro da. *Curso de direito processual civil.* 13ª ed. Salvador: JusPodivm, 2016, v. 3.

_____; _____; BRAGA, Paula Sarno; OLIVEIRA, Rafael Alexandria de. *Curso de direito processual civil.* 6ª ed. Salvador: JusPodivm, 2014. v. 5.

DINAMARCO, Cândido Rangel. *A reforma da reforma.* São Paulo: Malheiros, 2002.

ESPINOLA, Eduardo; ESPINOLA FILHO, Eduardo. *A Lei de Introdução ao Código Civil comentada.* Rio de Janeiro-São Paulo: Livraria Freitas Bastos, 1943. v. 1.

_____; _____. *Tratado de direito civil brasileiro.* Rio de Janeiro-São Paulo: Livraria Freitas Bastos, 1939. v. 2.

FAZIO, César Cipriano. "Honorários advocatícios de sucumbência recursal". In: COÊLHO, Marcus Vinícius Furtado; CAMARGO, Luiz Henrique Volpe (coords.). *Honorários advocatícios*. Salvador: JusPodivm, 2015.

FRADA, Manuel António de Castro Portugal Carneiro da. *Teoria da confiança e responsabilidade civil*. Coimbra: Almedina, 2004.

FRANÇA, R. Limongi. *A irretroatividade das leis e o direito adquirido*. 5ª ed. São Paulo: Saraiva, 1998.

FREIRE, Alexandre; MARQUES, Leonardo Albuquerque. "Os honorários de sucumbência no novo CPC". *Doutrina selecionada* – parte geral. Salvador: JusPodivm, 2015.

GOMETZ, Gianmarco. *La certezza giuridica come prevedibilità*. Torino: Giappichelli, 2005.

GONÇALVES, Carlos Roberto. "Análise da Lei de Introdução ao Código Civil: sua função no ordenamento jurídico e, em especial, no processo civil". *Revista de Processo*. São Paulo: RT, n. 37, jan./mar. 1985.

GRINOVER, Ada Pellegrini. "O princípio do juiz natural e sua dupla garantia". *Revista de Processo*. São Paulo: RT, v. 29, jan./mar. 1983.

LACERDA, Galeno. *O novo direito processual civil e os feitos pendentes*. 2ª ed. Rio de Janeiro: Forense, 2006.

LIMA, Lucas Rister de Sousa. "Direito intertemporal e honorários advocatícios sucumbenciais no novo CPC". In: COÊLHO, Marcus Vinícius Furtado; CAMARGO, Luiz Henrique Volpe (coords.). *Honorários advocatícios*. Salvador: JusPodivm, 2015.

LOPES, João Batista. *A prova no direito processual civil*. São Paulo: RT, 1999.

MACÊDO, Lucas Buril de. *Precedentes judiciais e o direito processual civil*. Salvador: JusPodivm, 2015.

MARTINS-COSTA, Judith. "A ressignificação do princípio da segurança jurídica na relação entre o Estado e os cidadãos: a segurança como crédito de confiança". *Revista CEJ*. Brasília, n. 27, 2004.

MAXIMILIANO, Carlos. *Direito intertemporal ou teoria da retroatividade das leis*. 2ª ed. Rio de Janeiro-São Paulo: Livraria Freitas Bastos, 1955.

MELLO, Marcos Bernardes de. *Teoria do fato jurídico*: plano de eficácia – 1ª parte. 8ª ed. São Paulo: Saraiva, 2013.

MENDES, Gilmar Ferreira. "Comentários ao art. 5º, XXXVI". In: CANOTILHO, J. J. Gomes; MENDES, Gilmar Ferreira; SARLET, Ingo Wolfgang; LEONCY, Léo Ferreira (coords.). *Comentários à Constituição do Brasil*. São Paulo: Saraiva/Almedina, 2013.

MIRANDA, Francisco Cavalcanti Pontes de. *Comentários ao Código de Processo Civil*. 2ª ed. Rio de Janeiro: Forense, 1962. t. XV.

_____. *Comentários ao Código de Processo Civil*. 2ª ed. Rio de Janeiro: Forense, 1974. t. II.

_____. *Comentários ao Código de Processo Civil*. Rio de Janeiro: Forense, 1975. t. VI.

_____. *Comentários ao Código de Processo Civil*. Rio de Janeiro: Forense, 1978. t. XVII.

_____. *Tratado da ação rescisória*. Atual. Vilson Rodrigues Alves. Campinas: Bookseller, 1998.

_____. *Tratado de direito privado*. Rio de Janeiro: Borsoi, 1954. t. I.

NASSER, Paulo Magalhães. "Considerações sobre o direito intertemporal e o reexame necessário: a supressão de hipótese de reexame necessário exclui a sujeição ao duplo grau de jurisdição de sentenças proferidas antes da vigência da lei nova, mas que ainda aguardam o reexame?". *Revista de Processo*. São Paulo: RT, n. 166, 2008.

NERY JÚNIOR, Nelson; NERY, Rosa. *Comentários ao Código de Processo Civil*. São Paulo: RT, 2015.

NÓBREGA, J. Flóscolo. *Introdução ao direito*. 8ª ed. João Pessoa: Edições Linha d'Água, 2007.

NOGUEIRA, Pedro Henrique Pedrosa. "Situações jurídicas processuais". In: DIDIER JR., Fredie (org.). *Teoria do processo*: panorama doutrinário mundial. Salvador: JusPodivm, 2010. v. 2.

_____. *Teoria da ação de direito material*. Salvador: JusPodivm, 2008.

NUNES, Dierle; DUTRA, Vitor Barbosa; OLIVEIRA JÚNIOR, Délio Mota de. "Honorários no recurso de apelação e questões correlatas". *Honorários advocatícios*. In: COÊLHO, Marcus Vinícius Furtado; CAMARGO, Luiz Henrique Volpe (coords.). Salvador: JusPodivm, 2015.

PEIXOTO, Ravi. *Superação do precedente e segurança jurídica*. Salvador: JusPodivm, 2015.

PÉREZ, Jesús González. *El derecho a la tutela jurisdiccional*. 3ª ed. Madrid: Civitas, 2001.

PESSOA, Fabio Guidi Tabosa. "Comentários ao art. 1.047". In: STRECK, Lenio Luiz; NUNES, Dierle; CUNHA, Leonardo Carneiro da (orgs.); FREIRE, Alexandre (coord. exec.). *Comentários ao Código de Processo Civil*. São Paulo: Saraiva, 2016.

PINTO, Nelson Luiz. *Código de Processo Civil interpretado*. Coord. Antonio Carlos Marcato. São Paulo: Atlas, 2004.

PORCHAT, Reynaldo. *Da retroactividade das leis civis*. São Paulo: Duprat & Comp., 1909.

ROUBIER, Paul. *Le droit transitorie (conflits des lois dans le temps)*. 2ª ed. Paris: Éditions Dalloz et Sirey, 1960.

SALOMÃO, Luís Felipe; SANTOS, Paulo Penalva. *Recuperação judicial, extrajudicial e falência*: teoria e prática. 2ª ed. Rio de Janeiro: Forense, 2015.

SANTOS, J. M. Carvalho. *Código Civil brasileiro interpretado*. 15ª ed. Rio de Janeiro: Freitas Bastos, 1992. v. 1.

SANTOS, Moacyr Amaral. *Primeiras linhas de direito processual civil*. 16ª ed. São Paulo: Saraiva, 1993. v. 1.

_____. *Prova judiciária no cível e comercial*. 2ª ed. São Paulo: Max Limonad, 1952. v. 1.

SEGADO, Francisco Fernandez. *El sistema constitucional español*. Madrid: Dykinson, 1992.

SILVA, Almiro do Couto e. "Os princípios da legalidade da administração pública e da segurança jurídica no Estado de Direito contemporâneo". *Revista da Procuradoria-Geral do Estado*. Publicação do Instituto de Informática Jurídica do Estado do Rio Grande do Sul, v. 18, n. 46, 1988.

SILVA, Beclaute Oliveira. *A garantia fundamental à motivação da decisão judicial*. Salvador: JusPodivm, 2007.

SILVA, José Afonso da. "Constituição e segurança jurídica". *Constituição e segurança jurídica*: direito adquirido, ato jurídico perfeito e coisa julgada. Estudos em homenagem a José Paulo Sepúlveda Pertence. Belo Horizonte: Fórum, 2004.

TALAMINI, Eduardo. *Coisa julgada e sua revisão*. São Paulo: RT, 2005.

THEODORO JÚNIOR, Humberto. "Princípios gerais do direito processual civil". *Revista de Processo*. São Paulo: RT, v. 23, jul./set. 1981.

TUCCI, Rogério Lauria. *Direito intertemporal e a nova codificação processual penal*. São Paulo: Bushatsky, 1975.

VALLADÃO, Haroldo. *Comentários ao Código de Processo Civil*. São Paulo: RT, 1974. v. 13.

WAMBIER, Teresa Arruda Alvim. "Anotações a respeito da Lei 9.756, de 17 de dezembro de 1998". In: WAMBIER, Teresa Arruda Alvim; NERY JÚNIOR, Nelson (coords.). *Aspectos polêmicos e atuais dos recursos cíveis de acordo com a Lei 9.756/98*. São Paulo: RT, 1999.

www.grupogen.com.br

Impressão e Acabamento:

Cód.: 1216189